北大阪の元気な中小・中堅企業2021

追手門学院大学ベンチャービジネス研究所［編］

水野浩児／石盛真徳／村上喜郁／朴修賢／宮宇地俊岳［著］

追手門学院大学出版会

発刊の辞

２０２０年4月より追手門学院大学ベンチャービジネス研究所所長を務めさせていただいております村上喜郁です。日本経済は高度経済成長以後、いわゆるバブル経済の崩壊を経て「失われた10年（あるいは20年）」とも言われる経済不況から抜け出せない状況が続いています。安倍晋三政権のもと、ようやく回復の兆しが見えたものの、中小企業・地方企業にその恩恵が届く前に、世界的な新型コロナウィルスの蔓延により新たな苦境に立たされています。このような経済的低迷から浮上するためには、我が国日本においても多様な分野における「新しい試み」が求められています。これは中小企業・地方企業にとっても同様でしょう。

追手門学院大学ベンチャービジネス研究所は、所属研究員による国内外の企業活動の理論的・実証的研究だけでなく、学生の起業家精神の醸成から学生起業家の育成、さらに企業、自治体等との連携事業を行っています。本書では、株式会社サイネックス、北おおさか信用金庫と共同し、大阪北部地域で目覚ましい活躍を遂げている企業について、その事業の要点を経営、会計、マーケティング等の諸分野から分析しました。そこには、事業成功の要点、場合によっては新しい事業要素の組み合わせ「新結合」の様なものも見えてきます。本書が、中小企業・地方企業経営の一助となり、少しでも日本経済の浮揚につながることを祈念いたします。

追手門学院大学　ベンチャービジネス研究所所長
経営学部教授　村上喜郁

はじめに

2020年4月に公表された中小企業白書[1]によると、経営者の高齢化・後継者不足を背景に年間4万以上の企業が休廃業・解散しており、約6割は黒字企業だったとされています。

そのような中、新型コロナウイルス感染症問題により、企業経営者のモチベーション維持は大変な状況だと推測されます。

先行きの見えない情勢ですが、近年は「地方創生」が着目されており、地域金融機関や地方公共団体、更には地域の大学などの研究機関が、地域活性化に向けて取組を行っています。地方創生には地域経済の活性化が重要であり、地域を支える地元中小企業が元気にならなくてはなりません。

コロナウイルスの影響で業態転換などに取り組む中堅・中小企業を支援する補助金の創設や、「雇用調整助成金」の特例措置を2021年2月末まで延長し、3月以降は段階的に縮減して、雇用情勢などが厳しい地域や業種に特例を設けることを盛り込む施策を打ち出すなど、地域の中小企業を守ることは政府を挙げて取り組まれている状況です。

コロナ禍における中小企業にとって喫緊の課題は資金繰りでしたが、実質金利ゼロで無担保無保証の融資制度等により何とか乗り切っている企業が多い状況です。

しかし、地方の中小企業における本質的な課題は、コロナウイルスによる売上低下や経営状況の悪化ではなく、事業そのものの存続だと思われます。

事業存続の阻害要因として、経営者問題やコロナウイルスのような外的要因による経営危機がクローズアップされますが、事業存続の本質的な問題は、既存企業のビジネスモデルが厳しく、後継者が事業の将来性に魅力を感じない点です。後継者がいないのではなく、引継ぎたいようなビジネスでないことが課題として浮き彫りになっています。

2019年6月に財務省が「地域経済エコシステムの形成[2]」に貢献するとのメッセージを発信しました。地域経済エコシステムとは、ある地域において、企業、金融機関、地方自治体、政府機関などの各主体が、それぞれの役割を果たしつつ、相互補完関係を構築するとともに、地域外の経済主体等とも密接な関係を持ちながら、多面的に連携・共創してゆく関係のことを言います。地域を活性化して魅力ある地域企業を育成するには、地域における主要関係者が危機意識を持って取り組むことが重要です。とりわけ、地域経済エコシステムの形成において核となるのが地域金融機関でしょう。

これから地域金融機関職員は中小企業経営者に対してコンサルティング機能を発揮して、将来の事業予測を的確に行い、当該企業の問題点を見抜くようなスキルを身に付けることに注力しなければなりません。

追手門学院大学は北摂エリアを基盤とする北おおさか信用金庫と連携協定を結び、北おおさか信用金庫が注力している地域金融人材育成の取組に対して、本研究所に属する教員が得意分野の知見を提供するなど、間接的ではありますが、地方創生に寄与する活動を行っています。

本学が位置する茨木市は大阪北部のいわゆる「北摂エリア」にあり、北摂エリアの活性化は追手門学院大学の目的でもあります。地域経済エコシステムの考え方は全国各地に広がっていくことが予想され、より事業展開を拡大することに資する必要性は高くなると考えられます。

追手門学院大学と株式会社サイネックス（以下「サイネックス」）は地方創生に役立つ取組を行うための連携協定を締結しています。全国1，000を超える地方公共団体と取引を行っているサイネックスは、地方創生のプラットフォームの役割を担う「社会貢献型企業」で、日頃より本学研究所と共同研究を行っています。サイネックスの地方創生モデルは、財政難、人口減少、経済停滞など地方が抱える重要な課題の解決に向けて、「官」と「民」をつなぐ、官民協働の事業を展開しています。地域の課題解決に向けて産学連携による効果は計り知れず、研究所としても何か地方創生に役立つ取組を行えないか模索していたところ、北大阪エリアで活躍する元気な企業の特徴を分析して、その内容を地方で悩んでいる中小企業などの経営者に役立ててもらえるような取組を行うことになりました。

本書では北大阪エリアの中小企業の現状を分析し、中小企業経営に必要な会計やマーケティング、グローバル展開等のスキルを学術的に検証し、北大阪の「元気な企業」の事例を検証する構成になっています。「元気な企業」はどのようなビジネスモデルを持っているのか、また経営者はどのような努力を行っているのか、細やかで、独自の観点から検証を行いました。

本書の内容が、地方の企業経営者の参考になり、元気な企業になる源泉となること、魅力あるビジネスモデルのヒントになることを願っています。

注

[1] 中小企業庁「2020年度版中小企業白書」2020年4月24日
https://www.chusho.meti.go.jp/pamflet/hakusyo/2020/PDF/chusho/99Hakusyo_zentai.pdf（2012年12月閲覧）

[2] 財務省ホームページ 2019年6月4日
https://www.mof.go.jp/about_mof/zaimu/zaimueco.html

2021年3月

追手門学院大学
経営学部長 教授 水野 浩児

目次

第2部　北大阪の元気企業の事例報告

第1部　北大阪の中小・中堅企業をめぐる論点

1章

令和の中小企業の現状と事業性評価に基づく融資への意識強化

追手門学院大学経営学部教授　水野　浩児

1　北大阪の中小企業の現状と課題

(1) コロナ禍における北大阪地区中小企業の資金調達

少子高齢化が進む中、事業承継問題など中小企業を取り巻く環境は厳しい状況にあります。そのような中、新型コロナウイルス感染症問題が勃発し、売上の減少などにより資金繰り面でも窮する企業が増えましたが、中小企業の資金繰り対策として、国が実質無利子、無担保の「ゼロゼロ融資」を開始したことで、何とかその場をしのいでいる中小企業が多いと推測されます。また、この支援策は3年間返済を猶予される点も特徴であり、当面返済を必要とせず、金利負担も発生しないため短期・中期的な資金繰りには効果的な制度と言えます。

表1　北おおさか信用金庫貸出金（融資）　業種別内訳[1]

（単位：百万円）	2020年3月末	2020年9月末	増減	増減率
製造業	97,071	109,224	12,153	12.5%
農林・漁業	4	4	0	0%
建設業	100,763	122,543	21,780	21.6%
情報通信業	2,174	3,467	1,297	59.6%
運輸業	17,904	22,499	4,595	2.5%
卸売業・小売業	59,855	70,906	11,051	18.4%
金融保険業	27,673	32,657	4,984	18.0%
不動産業	173,044	176,559	3,515	2.0%
学術研究、技術サービス業	3,186	4,097	911	28.5%
飲食業	8,762	13,510	4,748	54.1%
生活関連サービス業	9,473	12,198	2,725	28.7%
教育、学習支援業	2,017	2,637	620	30.7%
医療・福祉	8,104	8,736	632	7.7%
地方公共団体	10,895	11,198	303	2.7%
その他サービス等	36,850	46,871	10,021	27.1%
個人	129,608	127,343	△2,265	△1.7%
合計	687,383	764,449	77,066	11.2%

（出典：北おおさか信用金庫中間期ディスクロージャー2020年11月）

そのような状況を背景に、信用金庫を含め民間金融機関で融資残高が大きく伸びています。北大阪エリア（北摂）においても例外ではなく、北おおさか信用金庫の貸出金残高は、2020年3月末6，873億円から同年9月末7，644億円と771億円の大幅な増加となりました[1]（主な種別の融資残高の内訳および増減は**表1**参照）。

北おおさか信用金庫における新型コロナウイルス関連融資残高は2020年9月現在で1，251億円となり、製造業で226億円、建設業で357億円、卸・小売業で198億円、サービス業で

285億円と幅広い業種に融資を行っています。

北おおさか信用金庫のディスクロジャー2020によると、[2]帝国データバンク大阪支社が、2019年10月末時点の企業概要ファイル「COSMOS2」に収録されている大阪府下企業（10万5千社）がメインバンクとして認識している金融機関について抽出・集計した調査において「北大阪地区」で3年連続第1位となっており、北大阪の約17・1％（2，192社）が北おおさか信用金庫をメインバンクとしています。そのような観点からも、北おおさか信用金庫のデータは、北大阪地区の実情を概ね反映していると考えて検証しました。

データから窺える北大阪の特徴は、残高的には不動産業や製造業、建設業、卸売業・小売業が多いことがあげられます。貸出金の増加率では、情報通信業、飲食業、生活関連サービス業、建設業の伸び率が大きいことが窺えます。増加額および増加率に鑑みると、飲食業、卸小売業、建設業の増加が目立つ状況です。また、農業や漁業などの一次産業が少なく、ホームローンなどの個人向け融資が減少していることが窺えます。

なお、この調査で増加した融資の多くは、前述の通り企業は実質無金利で借入することができるため、コロナ禍における先行き不透明な状況に鑑み、手元資金を厚くするための借入または、赤字補てん的な借入が多く、具体的な資金需要があっての借入でないことも特徴です。北おおさか信用金庫の預金残高は2020年3月末1兆3，405億円が2020年9月末に1兆5，110億円となり1，705億円増加していることからも、手元資金を充実させている企業が多いことが窺えます。

(2) 企業経営における今後の課題

中小企業経営者にとって今後の課題は、大きく2つあります。1つは、今般の「ゼロゼロ融資」による実質無利子の期間が切れる3年後に返済がスタートすることです。もう1つは経営者の高齢化による事業承継問題です。

東京商工リサーチが2020年12月17日に公表した第11回「新型コロナウイルスに関するアンケート」調査によれば[3]、新型コロナウイルスの収束が長引くと「廃業」を検討する可能性があると回答した中小企業の割合は8・0%となっています。また、廃業を検討する可能性があると回答があった中で、廃業の可能性の高い業種は、飲食店32・7%、宿泊業23・6%、衣服小売業21・2%となっています。

さらに、廃業検討の可能性があると回答した中小企業のうち、廃業時期を「1年以内」とした回答は43・4%となっており、目先のコロナウイルスの影響による先行き不透明感から事業継続の意欲を失っている経営者が多いことを物語っています。北大阪地区では融資残高から勘案すると、飲食業は少ないものの、地域の活性化が止まると、将来への不安が蔓延し事業継続のマインドが低下することが予想されます。

2020年4月に公表された中小企業白書では、経営者の高齢化・後継者不足を背景に年間4万以上の企業が休廃業・解散しており、そのうち約6割は黒字企業だったとの報告がなされています。つまり将来に対して不安があれば、赤字による倒産に至る前に、清算できるうちに廃業してしまう選択肢を選ぶ経営者が多いとも理解できます。

もちろん、倒産や廃業が急拡大すれば、失業者が急増し、社会不安が増幅する危険性があるだけでなく、地域経済が破綻してしまう可能性もあります。

コロナ禍による経営者のマインド低下と高齢による休廃業・解散による承継中断は関連性の高い課題とも言えます。

2　事業承継支援の状況

(1) 事業承継の選択肢としてのM&Aの普及

中小企業庁によると、2025年までに、平均引退年齢である70歳を超える中小企業の経営者は約245万人で、約半数の約127万人が後継者未定とのことです[4]。

その解決策の1つとして、第三者に事業引継ぎを考える経営者が増えており、いわゆるM&Aを考える経営者が増えています。経済産業省では、2019年12月20日に「第三者承継支援総合パッケージ」を策定・公表し、2020年3月31日に「事業引継ぎガイドライン」を全面改訂して「中小M&Aガイドライン」を策定しています[5]。

コロナ禍により廃業リスクへの対応は重要度が高まっており、また、事業承継問題は検討の猶予が少ないことが予想されることから、M&Aを通じた第三者への事業引継ぎは事業承継の手法の1つであることを明確に打ち出しています。M&Aは専門家が仲介し、莫大な手数料やストレスがかかるイメージですが、本ガイドラインは、M&Aに関する意識、知識、経験がない後継者不在の中小企業の経営者の背中を押し、M&Aを適切な形で進めるための手順を示すことを目的としており、税理士・公認会計士や金融機関の役割、仲介者への手数料についての考え方の整理なども記載され、経営者が自社の経営を見つめ直す資料としても有益なガイドラインになっています。

(2) 経営者保証ガイドラインの理解

事業承継の際に、経営者保証を理由に後継者候補が承継を拒否するケースが多いことも現実的な課題です。もちろん、事業そのものに魅力がなければ承継するメリットがありませんので、大前提として承継する魅力がある事業であることが重要です[6]。

2013年12月に日本商工会議所と全国銀行協会が公表した「経営者保証に関するガイドライン」は遵守することを金融庁も後押しする実効性のあるガイドラインです。

ガイドライン第4項に「経営者保証に依存しない融資の一層の促進のため、主たる債務者、保証人及び対象債権者は、それぞれ、次の対応に努めるものとする。」と謳われ、第4項(2)に「主たる債務者において以下のような要件が将来に亘って充足すると見込まれるときは、主たる債務者の経営状況、資金使途、回収可能性等を総合的に判断する中で、経営者保証を求めない可能性、上記のような代替的な融資手法を活用する可能性について、主たる債務者の意向も踏まえた上で、検討する。」とした上で、以下のように記されています。

イ）法人と経営者個人の資産・経理が明確に分離されている。
ロ）法人と経営者の間の資金のやりとりが、社会通念上適切な範囲を超えない。
ハ）法人のみの資産・収益力で借入返済が可能と判断し得る。
ニ）法人から適時適切に財務情報等が提供されている。
ホ）経営者等から十分な物的担保の提供がある。

金融機関は原則として経営者保証に頼らない取組を行っていることも知っておくことは、事業承継問題のみならず、支援を行う上で重要なことです。

(3) 事業承継時に焦点を当てた「経営者保証に関するガイドライン」の特則[7]

２０１９年12月に事業承継に着目したガイドラインが次の通り公表されました。

「原則として前経営者、後継者の双方から二重には保証を求めないこととし、例外的に二重に保証を求めることが真に必要な場合には、その理由や保証が提供されない場合の融資条件等について、前経営者、後継者の双方に十分説明し、理解を得ることとする。（中略）後継者に対し経営者保証を求めることは事業承継の阻害要因になり得ることから、後継者に当然に保証を引き継がせるのではなく、必要な情報開示を得た上で、ガイドライン第4項（2）に即して、保証契約の必要性を改めて検討するとともに、事業承継に与える影響も十分考慮し、慎重に判断することが求められる。」

地域金融機関では自らのビジネスモデルを維持するには地域経済の活性化が何よりも重要であり、地域企業の円滑な事業承継は地域金融機関の資産内容の良質化につながるものと理解されるため、これらのガイドラインについては遵守する姿勢が強く、経営者自身も同じような目線で考えることが大切です。

(4) 地域課題解決の動きと地域経済エコシステム

事業承継問題は地域の課題の1つですが、近年の金融行政の特徴として、金融育成庁としての動きがあげられます。地域経済エコシステムとは、企業、金融機関、地方自治体、政府機関などの各主体が、それぞれの役割を果たしつつ、相互補完関係を構築するとともに、地域外の経済主体等とも密接な関係を持ちながら、多面的に連携・共創してゆく関係のことで、金融庁が注力している取組です。

3　事業性評価に基づく融資と経営者の心構え

(1)　金融検査マニュアル廃止の影響

2019年12月に金融検査マニュアルが廃止されました。金融実務において金融検査マニュアルは多大な影響があり、取引先企業の将来性が良くても、直近の業績に問題があれば、金融機関は引当を余儀なくされ、中小企業支援に躊躇することが散見されていました。

金融検査マニュアルの廃止について金融庁参与の森俊彦氏は「検査マニュアル廃止の最も重要なインプリケーションは『金融機関が向き合うべきは、先ずもって、金融庁や検査マニュアルではなく、企業経営者である』ということである。向き合うことで、真の事業性評価に基づく融資や本業支援が可能となり、企業価値の向上（営業キャッシュフローの持続的な改善）が実現できる。[8]」と説いておられます。

地域経済の活性化には、地域経済エコシステムの中心的存在となる地域金融機関が主体的に企業を盛り上げていく必要があります。地域企業が活性化し、地域金融機関の営業基盤が強化され「好循環のループ」が構築されることが、地域金融機関が生き残る絶対条件なのです。そのため、現在の地域金融機関は取引先企業に対して伴走支援を行うことに注力しています。伴走支援を行うことは、中小企業からみて金融機関が「交渉相手」から「相談相手」になることを意味し、金融機関と企業経営者との信頼関係構築が大前提となります。おそらく、取引金融機関に対して、心から信頼できない経営者は多いと思いますが、金融機関を取り巻く環境は大きく変化していることを知り、経営自身も企業経営を論理的に検証することも重要な時代が到来していると言えます。

(2) ローカルベンチマークの活用と事業性評価

現在、地域金融機関は担保保証に頼らない融資推進を積極的に行う体制にあります。つまり、取引先企業の経営状態の把握を的確に行うことに注力しており、そのツールとしてローカルベンチマークを活用する金融機関が増えています。

ローカルベンチマーク(通称ロカベン)は、企業の経営状態の把握、いわゆる「健康診断」を行うツール(道具)として、企業の経営者等や金融機関・支援機関等が、企業の状態を把握し、双方が同じ目線で対話を行うための基本的な枠組みとして経済産業省が提供しています。[9]

事業性評価の成果を出すためには、「情報の非対称性」を解消することが必要不可欠です。ローカルベンチマークは事業性評価のツールとして効果的であることが知られていますが、それは、中小企業経営者との対話ツールとして優れており、ひいては「情報の非対称性」を解消する役割を担うことができる、という点で有用であるところに本質的な意義があります。

金融実務に鑑みると、金融機関と企業経営者が対話を行う際において、金融機関目線でのアプローチに固執してしまうと経営者目線とずれが生じるなど課題があるようです。ローカルベンチマークは、日本で一番利用されているスタンダードな「情報の非対称性解消ツール」と考えて活用することは、金融機関ならびに中小企業経営者にとって有益になることが予想されます。

なお、ローカルベンチマークは、全国約360万社ある中小企業の経営者および税理士や中小企業診断士などの認定支援機関や金融機関などに幅広く活用してもらうことを意識して作成されており、経済産業省のホームページには活用事例やすぐに活用できるExcelシートなどが公開されています。

(3) 資本性融資も選択肢となる時代の到来

2020年金融行政方針[10]には、「コロナ禍の状況等も見極めながら、資金繰り支援から、資本性資金等も活用した事業者の経営改善・事業再生支援等に軸足を移し、コロナ後の新たな日常を踏まえた経済の力強い回復と生産性の更なる向上に取り組むことが必要だ。」との記載があります。さらに、金融庁は事業の再構築・再生において経営者と対話を行う中で、資本性融資も活用する実効的な支援策を講じることを選択肢として推奨しています。

前述の通り、コロナウイルス支援制度を活用した資金調達により運転資金等を確保できている赤字の企業は相当数あると推測されます。その結果、債務超過に陥る企業が増加することも予想される中、出資に近い資金の調達、つまりは負債ではなく資本としてみなすことのできる資金の調達(融資)を行うことは、企業経営において効果的な選択肢です。借入を増やすことは負債の増加となり財務内容の改善にはつながりませんが、資本性融資のケースは資本が強化されるため財務評価は上がり、金融機関の評価もランクアップするため、運転資金の借入なども行いやすくなります。

北おおさか信用金庫は、2020年8月31日にコロナウイルス対策として、日本政策金融公庫と組み、全国初の資本性ローンを行っています。[11] これからの時代は、資本性融資も選択肢に入る時代が到来しており、経営者の考え方も転換が必要となってきます。

4 共通価値創造と経営者の意識改革

令和の金融はコロナウイルスの影響もあり大きく変化しています。地域企業の成長は地域金融機関存続の絶対条件であるという認識は浸透しつつあります。金融機関が顧客本位の良質なサービスを提供し、その結果、地域金融機関自身も安定した顧客基盤と収益を確保するという好循環を作り出す、顧客との「共通価値の創造」は2016年の金融行政方針にも明記されていました。

多くの金融機関は改革に入っており、企業経営者が金融機関を選択する時代です。顧客本位の取組を行っている金融機関のチェックポイントは次の通りです。
・事業性評価に基づく融資推進を行っている。
・経営者保証ガイドラインを活用している。
・信用保証制度融資以外にプロパー融資推進も提案している。

経営者として金融機関を評価する意識改革は、今後の企業経営において重要な要素になってきます。金融機関と中小企業の関係は債権者と債務者の関係ですが、債権者が優位に立つ考えは正しいとは言えません。民法の大家である我妻栄博士は「当該債権発生の目的を達成させるために、両当事者がその債権の内容たる給付の実現に向かって協力すべき関係に立つということができる。要するに、債権は、単に債権者に給付を請求しこれを受領する権能を与え、債務者にこれを給付すべき義務を課する関係として孤立するものではなく、当該債権を発生させる社会的目的の達成を共同の目的とする当事者間の一個の法律関係、すなわち、債権関係の一内容として存在するものと観念することができるのである。[12]」と論じられています。つまり、良質な債権は債務者のことを事業性評価により的確に把握し、金融機関と経営者の信頼関係を強化していくことだと言えます。

中小企業経営者は、自らのビジネスを債権者に的確に伝える努力を行い、金融機関は取引先企業の将来性を評価する努力を行うことで、共通価値創造は実現できます。意識改革を行い、コロナウイルスを乗り切っていただくことを願っています。

注

[1]「北おおさか信用金庫中間期ディスクロジャー」北おおさか信用金庫総合企画部（２０２０年11月）

[2]「北おおさか信用金庫ディスクロージャー２０２０情報編」北おおさか信用金庫総合企画部（２０２０年7月）

[3] 東京商工リサーチ『第11回「新型コロナウイルスに関するアンケート」調査』2頁（２０２０年12月17日）

[4] 経済産業省『「中小M&Aガイドライン」を策定しました』（２０２０年3月31日）https://www.meti.go.jp/press/2019/03/20200331001/20200331001.html（２０１２年12月閲覧）

[5] 前掲注記[4]

[6] 水野浩児「事業性評価の質が債権の評価に直結する時代の到来—中小企業支援と地域金融機関の存在意義—」銀行法務21第63巻10号1頁巻頭言、経済法令研究会（2019年9月）

[7] 経営者保証に関するガイドライン研究会『事業承継時に焦点を当てた「経営者保証に関するガイドライン」の特則』（2019年12月）

[8] https://www.jcci.or.jp/chusho/tokusoku.pdf

[9] 森俊彦「地域金融の未来」36頁、中央経済社（2020年11月）

[10] 経済産業省『会社が病気になる前に。企業の健康診断ツール　ローカルベンチマーク』（2016年）https://www.meti.go.jp/policy/economy/keiei_innovation/sangyokinyu/locaben/

[11] 金融庁「コロナと戦い、コロナ後の新しい社会を築く　令和2年事務年度　金融行政方針」（2020年8月31日）https://www.fsa.go.jp/news/r2/200831.pdf

[12] 金融経済新聞「北おおさか信用金庫　コロナ対策　日本公庫と連携」（2020年9月21日）

我妻栄『新訂　債権総論（民法講義Ⅳ）』7頁、岩波書店（1940年）

2章　中小企業の起業、展開、および事業承継

追手門学院大学経営学部教授　石盛　真徳

1　起業の動向と起業に対する意識

本章では、はじめに2017年版の中小企業白書（中小企業庁、2017）のデータをもとに、日本における起業の状況について検討します。2017年版の中小企業白書は、ここ20年ほどの起業家数（過去1年間に職を変えたまたは新たに職についた者のうち、現在は会社等の役員または自営業主となっている者）の経年推移について、1997年36・8万人、2002年38・3万人、2007年34・6万人、2012年30・6万人、2017年30・4万人と緩やかな減少傾向にあるものの、それほど急な減少ペースではないことを指摘しています（**図1**参照）。一方で、起業希望者数（有業者の転職希望者のうち「自分で事業を起こしたい」または無業者のうち「自分で事業を

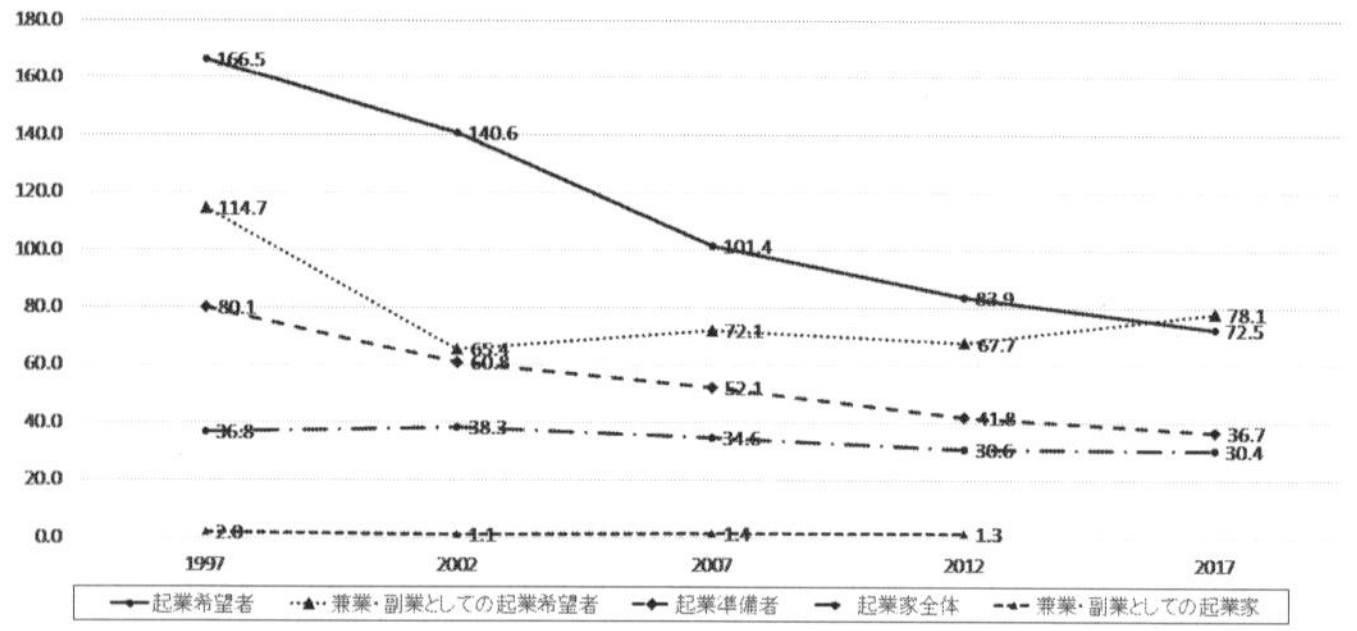

図1　企業の担い手の推移（万人）
（2017年版・2019年版の中小企業白書のデータをもとに作成）

起こしたい」と回答した者）の経年推移は、１９９７年１６６・５万人、２００２年１４０・６万人、２００７年１０１・４万人、２０１２年83・９万人、２０１７年72・５万人と急激に落ち込んでいます。そして起業希望者のうち「開業の準備をしている」と回答した企業準備者も１９９７年80・１万人、２００２年60・８万人、２００７年52・１万人、２０１２年41・８万人、２０１７年36・７万人と明らかに減少傾向にあります。兼業・副業としての起業希望者（有業者の転職希望者のうち「現在の仕事のほかに別の仕事もしたい」、「自分で事業を起こしたい」と回答した者）については、１９９７年１１４・７万人、２００２年65・４万人、２００７年72・１万人、２０１２年67・７万人、２０１７年78・１万人と下げ止まった後増加に転じていますが、実際に起業にまで至っている兼業・副業としての起業家数は、現状では１万人程度と少ないため大きな影響はありません。もちろん、２０１９年版中小企業白書（中小企業庁、２０１９）が指摘するように、近年ではクラウドなどのＩＴ技術の発展

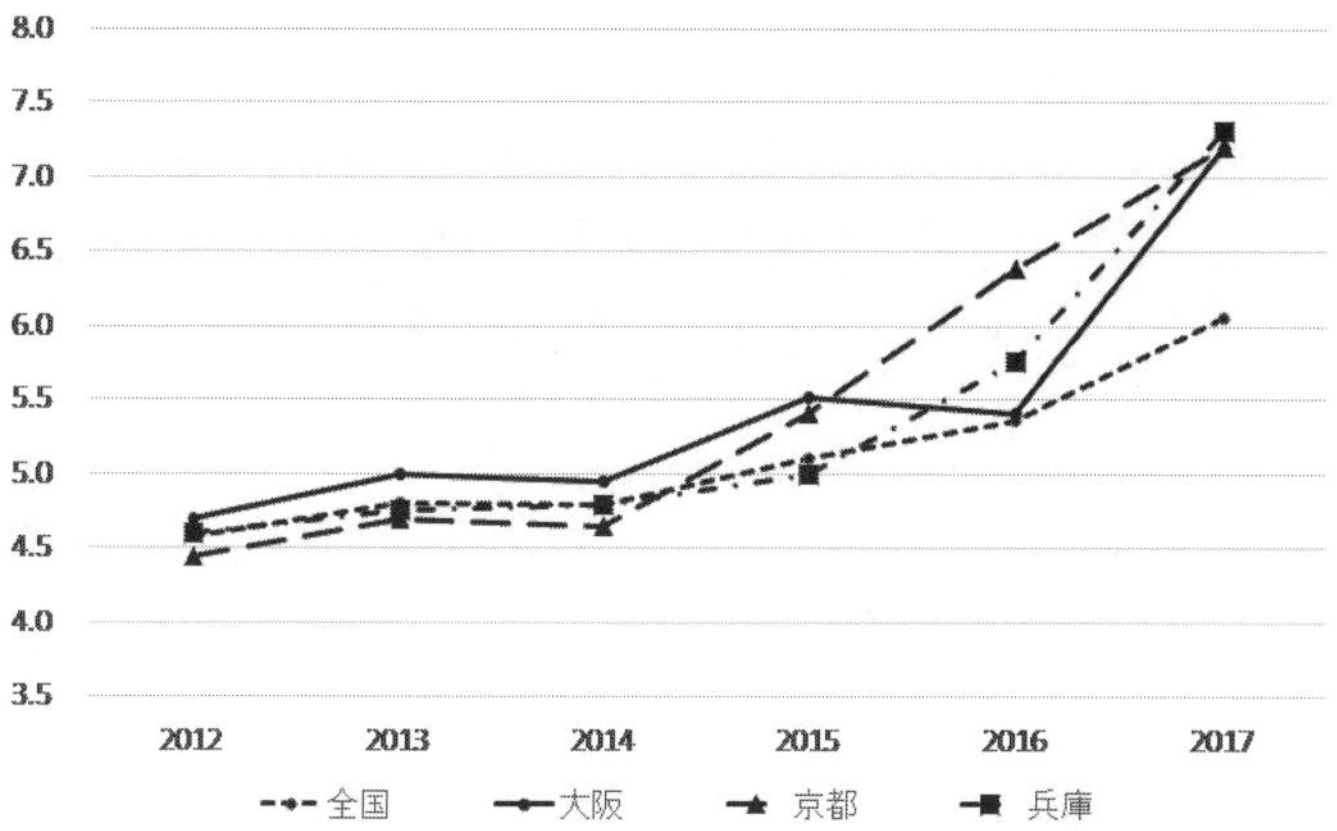

図2　大阪・京都・兵庫および全国の開業率（%）の推移
（近畿経済産業局中小企業政策調査課（2018）より作成）

や働き方改革の進展によって、フリーランスや副業など創業の裾野が広がるなど、個人が比較的簡単に創業できるチャンスが到来しています。したがって、まずはフリーランス・副業で起業し、その後、事業を拡大するような形態の創業を促進することも重要といえます。とはいえ、やはり日本の起業をめぐる状況は、実際の起業家数はそれほど減少していませんが、起業家の母体となる起業希望者や起業準備者は減少してきているのが大きな問題といえるでしょう。

近畿経済産業局中小企業政策調査課（２０１８）によると、大阪府の近年の開業率は全国平均を若干上回る値で推移しています（**図2**）。ただし同じ関西に位置する京都府や兵庫県も全国平均を若干上回る傾向にあるので、これは大阪府単独の傾向というよりも関西地区の経済の活発さを反映したものと考えられます。新設事業所数の変化については、三大都市を比べると、大阪府と東京都で資本金1，000万円から3億円未満の中規模企業数の増加が顕著となっています。大阪の2012年から2016年の増加率は229・8％、東京都の同時期の増加率は244・7％となっており、近年、大阪府と東京都の中規模企業が最も積極的に事業を拡大しているといえます。

ではなぜ日本では、起業希望者や起業準備者が減少するという事態が生じているのでしょうか。その事態に影響を与える要因について検討するために、まず将来の起業の担い手となる高校生と大学生を対象とした意識調査の結果を参照したいと思います。石黒（2020）は、高校生が起業家やベンチャー企業、さらには自分自身の能力をどう捉えているのかを調査した結果、高校生は起業家やベンチャー企業に対して、「楽しく働いている」や「社会に活力をもたらしている」等の総じてポジティブなイメージを持っていることを示しました。しかし、そのポジティブなイメージが必ずしも起業志望につながっているわけではなく、経営の不安定さや自分の能力不足などの決定的な要因により、起業をキャリアの選択肢として捉えていないことを明らかにしています。高校生に直ちに起業につながるようなスキル養成のための教育を行うことはあまり現実的ではないので、進学先の大学等での起業家教育がより重要と考えられます。田路・鹿住・新谷ら（2018）は、世界50カ国1，082大学が参加した大学生の国際調査データについて分析した結果、参加国全体では、卒業後5年後に起業家になることを希望するものが38・2％であるのに対し、日本では8・8％にとどまっており、日本の大学生の起業への希望がかなり低いことを指摘しています。また、田路・

鹿住・新谷ら（2018）は起業家教育が起業意思に与える影響について共分散構造分析を行った結果、「大学の環境」が直接的に起業意思を高め、「大学の講義」が「起業に対する態度」と「スキルや能力に関する自信」を介して起業意思を高めることを明らかにしています。なお、この調査では「大学の環境」については、「大学の雰囲気は新規事業のアイデア創出を促してくれる」、「起業家を生む好ましい雰囲気がある」、「私の大学は学生が起業家的な活動をすることを後押ししてくれる」という3つの質問項目で測定されています。この調査から、大学で起業に関して必要となる知識やスキルを学ぶことのできる講義を提供することと、大学で起業を促す環境作りがともに重要であることを示しています。

次に、一般成人がどのような企業への意識を形成しているかについて検討します。高橋・磯部・本庄ら（2013）は国同士の比較が可能なグローバル・アントレプレナーシップ・モニター調査の枠組みを用いて、日本での起業活動に影響を与える要因の検討を行っています。グローバル・アントレプレナーシップ・モニター調査の枠組みというのは、起業プロセスを一般成人（起業態度無）⇒起業活動予備軍（起業態度有）⇒懐妊期の起業家（具体的な起業準備をしている人）⇒誕生期の起業家（誕生後3年半未満）⇒成人期の起業家（誕生後3年半以上）に分け、成人人口100人当たりの「懐妊期の起業家＋誕生期の起業家」の合計を指標化した総合起業活動指数を用いて分析を行うものです。高橋・磯部・本庄ら（2013）による分析の結果、1999年以降、日本の起業活動の水準は先進国の中で最も低いグループにとどまっていること、日本のサンプルにおける起業活動指数のピーク年齢は41歳となり、日本のアントレプレナーシップの高齢化がうかがえることが示されました。また、高橋・磯部・本庄ら（2013）は、日本では大学院といった高度な教育を受けた人ほど、起業家としての道を歩まない傾向がみられ、こうしたことが日本の不活発なアントレプレナーシップを生み出す原因となっているのかもしれないと指摘しています。さらに彼らは「過去2年以内に新たにビジネスを始めた人を個人的に知っている」と「新しいビジネスを始めるために必要な知識、能力、経験を持っている」という2つの質問にいずれも「はい」と答えた層を「起業関係層」、いずれも「いいえ」と答えた層を「起業無縁層」、「はい」と「いいえ」と1つずつ回答したものを「中間層」として分類した結果から、日本においては「起業無縁層」が他国と比較して圧倒的に多く、「起業関係層」との橋梁となりそうな「中間層」も薄いことを示しています。これは2017年版の中小企業白書（中小企業庁、2017）において、起業希望者や起業準備者の減少傾向が指摘されているのと同様の問題といえます。高橋・磯部・本庄ら（2013）は、起業無縁層は起業活動全体に対して負の影響を与えている可能性が高く、彼らの起業態度に働きかけることは有効であるとしても、それを実行することは決して容易ではないと述べています。確かに成人段階で効果的な働きかけを行うことは困難かもしれませんが、石黒（2020）や田路・鹿住・新谷ら（2018）の分析結果から示されたように、高校や大学段階での働きかけによっては、起業無縁層を減らし、起業活動に対して動機づけることも可能でしょう。もちろん2014年版中小企業白書（中小企業庁、2014）で開業率が低い理由として指摘されている3つの課題のうち、起業意識（「教育制度が十分ではない」、「安定的な雇用を求める意識が高い」、「起業を職業として認識しない」）に対する働きかけだけでなく、起業後の生活・収入の不安定化（「生活が不安定になる不安」、「セーフティーネットがない」、「再就職が難しい」）と起業に伴うコストや手続き（「起業に要する金銭的コストが高い」、「起業にかかる手続きが煩雑」）に対する施策も必要といえます。

2　企業の展開

起業後5～10年の企業を、高成長型（新興市場上場企業以上の売上高伸び率）、安定成長型（創業時よりも企業規模が拡大）、持続成長型（創業時から企業規模が不変または縮小）の3タイプに分類すると、高成長型ではサービス業・製造業が多くなっています（中小企業庁、2017）。また、高成長型の企業では、40代以下の経営者が47・3％を占めており、比較的若い経営者が多いといえます。さらに高成長型の経営者は、学校在学時に「企業・商店における職場体験」、「リーダーシップを育成する教育」、「企業インターンシップ」への参加割合が高く、起業家教育の影響がみてとれます。同じく中小企業庁（2017）によると、2009年から2014年にかけて全体の従業者数は横ばいで推移する中で、中規模企業で働く人は増加していること、とりわけ中規模企業の開業による増加の影響が大きいことが指摘されています。1社当たり従業者数でみても、中規模企業での増加が顕著となっています。中小企業のライフサイクルと生産性について検討するために業種ごとの開廃業率をみてみると、宿泊業・飲食サービス業の開廃業は、全業種平均の開業率5・2％と廃業率3・8％を大きく上回っており、開業が多い一方で廃業も多く生き残るのが困難な業種であることがわかります。一方、運輸業・郵便業は低開業率・低廃業率で、新規参入が少ないものの廃業率も低くなっています。このように開廃業の現状は業種によって異なっています（中小企業庁、2017）。

中小企業のライフサイクルの各要素の動向が中小企業全体の生産性に及ぼす影響を分析した結果（中小企業庁、2017）では、生産性の高い企業の倒産・廃業が全体の生産性を押し下げていることが指摘されています。生産性が高いのに倒産・廃業した企業は、存続企業と比べて従業員数および売上高は小さいのですが、利益率は高いという特徴を有しています。それらの企業は後継者決定率が相対的に低く、そういった企業の後継者不足による廃業を減らすことが課題とされています。

3 中小企業の事業承継

近年、事業承継の形態は、内部昇格や外部招へい等、親族以外の第三者への承継の占める割合が増加しています（中小企業庁、2014）。後継者の育成には「3年以上必要」と考えている経営者が8割以上いますが、60代で6割、70代で5割、80代でも4割が事業承継の準備ができていないとしていて、中小企業の事業承継は喫緊の課題となっています。中小企業庁（2017）によれば、事業承継の準備を周囲から勧められた場合は後継者決定割合が高くなっています。後継者の選定には一定の時間が掛かると考えられますが、未決定企業は総じて経営の引継ぎに関する対策が進んでいない状況にあるといえます。事業承継のタイプ別にみると、親族内承継の支援措置については、法人向け、個人事業者向けに、贈与税や相続税の負担をゼロにする事業承継税制がすでに実施されており、支援体制が大幅に前進したといえる状況にあります（中小企業庁、2019）。したがって今後は、親族外承継を促進させることが必要とされます。中小企業庁金融課（2020）によると、「後継者候補はいるが承継を拒否」しているケースでは、59・8％が「個人補償を理由に承継を拒否」しています。このように事業承継時の経営者による個人保証が後継者候補確保のネックとなっていますので、後継者の経営者保証を可能な限り解除することが求められます。そして、政府関係機関が関わる融資の無保証化拡大策としては、商工中金が一定の条件を満たす企業に対して「原則無保証化」を2020年1月より実施するなどの対応が行われています。また民間の金融機関に対しても、経営者保証を解除することを前提に新たな信用保証制度が創設され、経営者保証ガイドラインを充足していることを専門家の確認を得た場合、保証料も大幅に引き下げるといった中小企業にも利用しやすい制度が導入されています。これらのような施策の実効性を上げていくことによって、生産性の高い企業の倒産・廃業が全体の生産性を押し下げているという問題を解決していくことが重要といえます。

引用文献

中小企業庁（２０１４）２０１４年版中小企業白書
https://www.chusho.meti.go.jp/pamflet/hakusyo/H26/PDF/h26_pdf_mokuji.html（２０２０年11月28日閲覧）

中小企業庁（２０１７）２０１７年版中小企業白書　概要
https://www.chusho.meti.go.jp/pamflet/hakusyo/H29/PDF/h29_pdf_mokujityuu.html（２０２０年11月28日閲覧）

中小企業庁（２０１９）２０１９年版中小企業白書
https://www.chusho.meti.go.jp/pamflet/hakusyo/2019/PDF/2019_pdf_mokujityuu.htm（２０２０年11月28日閲覧）

中小企業庁金融課（２０２０）事業承継時の経営者保証解除に向けた総合的な対策について
https://www.chusho.meti.go.jp/kinyu/hosyoukaijo/2020/200204kaijo02.pdf（２０２０年11月28日閲覧）

石黒順子（２０２０）なぜ日本の若者は起業家を目指さないのか？―高校生へのアンケート調査を踏まえて―現代経営経済研究、５（３）、１０１－１１５。

近畿経済産業局中小企業政策調査課（２０１８）最新の経済データから見た関西中小企業の動向
https://www.kansai.meti.go.jp/1-9chushoresearch/frontline/frontline_no10.pdf（２０２０年11月28日閲覧）

田路則子・鹿住倫世・新谷優・本條晴一郎（２０１８）大学生の企業意識調査レポート：ＧＵＥＳＳ２０１６調査結果における日本のサンプル分析　法政大学イノベーション・マネジメント研究センター、15、１０９－１２９。

高橋徳行・磯部剛彦・本庄裕司・安田武彦・鈴木正明（２０１３）企業活動に影響を与える要因の国際比較分析　RIETI Discussion Paper Series, 13-J-015, 1-34.

3章

中小企業の新規事業進出

追手門学院大学経営学部教授　村上 喜郁

1　はじめに

中小企業の「新規事業進出」は、ゼロから始めるならば「起業」や「創業」、すでに事業を持っている企業が始めるならば「事業拡大」や「多角化」ということになるでしょう。このテーマは中小企業にとっての大きな課題として、常に議論され続けています。例えば、中小企業庁の発表する『中小企業白書』においても、「差別化や新事業展開による新たな価値の創造」（２０２０年度概要）、「新経営者による新たな事業展開」（２０１９年度概要）、「新事業展開の促進」（２０１７年度）など、常にトピックとして取り上げられているのです。そこで本章では、ベーシックな経営学理論を横に置きながら、このような話題についてポイントを整理したいと思います。

2　企業成長の方向性

まずは、中小企業の「新規事業進出」について、どう考えればよいのでしょうか。アンゾフの『企業戦略論』[1]をもとに、あらためて確認してみましょう。企業とは現在の規模の大小にかかわらず、自社の成長を望むものです。そこで経営学者のアンゾフは、企業の成長ベクトルの構成要素（**表1**）を示しました。そこには、「製品」と「使命（ニーズ）」の2つの軸が置かれ、それぞれに「現在」のものと「新規」に獲得を目指すものを設定しました。

出来上がった4つの象限には、①市場浸透、②市場開発、③製品開発、④多角化がそれぞれの戦略として示されています。そして、一般的に、④が狭い意味での多角化、②③④が広い意味での多角化とされています。

最初の①市場浸透の戦略は、企業が現在掲げているその企業の使命、あるいはニーズ、すなわち「人の満たされていない欲求」そして、もう少し大きな目で見れば、社会からの要請であるとその企業が認識していることをもとに成長を目指すものです。これを平たく言ってしまえば、現在扱っている製品を一生懸命に売るということになります。市場浸透戦略を採用する企業は、生産効率を上げ、コストを削減し、製品の知名度を向上させ、市場占有率を

表1　成長ベクトルの構成要素

使命（ニーズ）＼製品	現　在	新　規
現　在	①市場浸透	③製品開発
新　規	②市場開発	④多 角 化

出所:H. I. アンゾフ（1968）『企業戦略論』137頁。

高めることを通じて、成長を目指します。この点で、市場浸透での事業展開は、「新規事業進出」ではありません。そして、アンゾフはこれを「拡大化」とも呼んでいます。

②市場開発への志向は、新たな市場（＝セグメント・細分市場）を狙う成長の方向性です。製品そのものは基本的に現行のものから変えません。そこで、企業は現在の製品にどのような「新しい使命やニーズ」があるのかを探ることになります。具体的に分かりやすい事例では、男性（市場）向けに販売していた製品を女性（市場）に向ける、国内（市場）向けに売り出した製品を海外（市場）に販路を求めるといったことなどが挙げられるでしょう。

続く③製品開発は、最も分かりやすい方策かもしれません。現在の使命やニーズ、市場において、新しい製品を開発し、販売する方法です。こちらも、新規事業進出としては一般的によく見られる手法ではないでしょうか。

最後の④多角化は、「現在の使命とニーズ」、「現在の製品」から離れた事業分野に進出します。結果として、多角化では慣れない市場で新しい製品を扱うことになり、得られるものが多い一方で、様々なリスクや困難を伴うと考えられます。ただし、それは多角化以外の3つの成長の方向性であっても、多かれ少なかれ同じように困難やリスクは発生するでしょう。そして、中小企業としての課題は、これらに立ち向かうだけの経営資源、すなわちヒト、モノ、カネ、情報に必ずしも恵まれていないことが大きいのです。

3　中小企業の新規事業進出における課題

『2017年版中小企業白書』の調査「新事業展開の実施状況[2]」によれば、②市場開発や③製品開発に取り組んでいる中小企業は、それぞれ22・3％、23・7％と全体の4分の1弱程度に止まっています。さらに、④多角化を試みる中小企業の割合を見ると16・0％とより少なく、経営資源が限定される中小企業による多角化の難しさは、ここからも察することができます。

さらに「新事業展開を実施していない企業の課題」に関するアンケート調査では、実に43・8％の中小企業が、「必要な技術・ノウハウを持つ人材が不足している」と答えています。また、それに続いて、「販路開拓が難しい」、「新事業展開に必要なコストの負担が大きい」、「市場ニーズの把握が不十分である」、「自社の強みを活かせる事業の見極めが難しい」、「必要な技術・ノウハウの取得・構築が困難」の5つの項目が、それぞれ30％前後を占めているのです。これはまさに、中小企業の新事業展開に要する経営資源、ヒト、モノ、カネ、情報の不足を表しています。

私は仕事柄、中小企業の経営者の皆さんにお話を聞くことも多いのですが、本当にこのような話をよく耳にします。そして、「新しい販路を開発する方法のヒントはないか？」、「産学連携で新商品開発ができないか？」といったご相談もよくお受けします。そう考えると、公的な調査の結果と私の肌感覚はぴったりと一致していると感じるのです。ではなぜ、企業は困難やリスクを乗り越え、「新規事業への進出」を求めるのでしょうか？

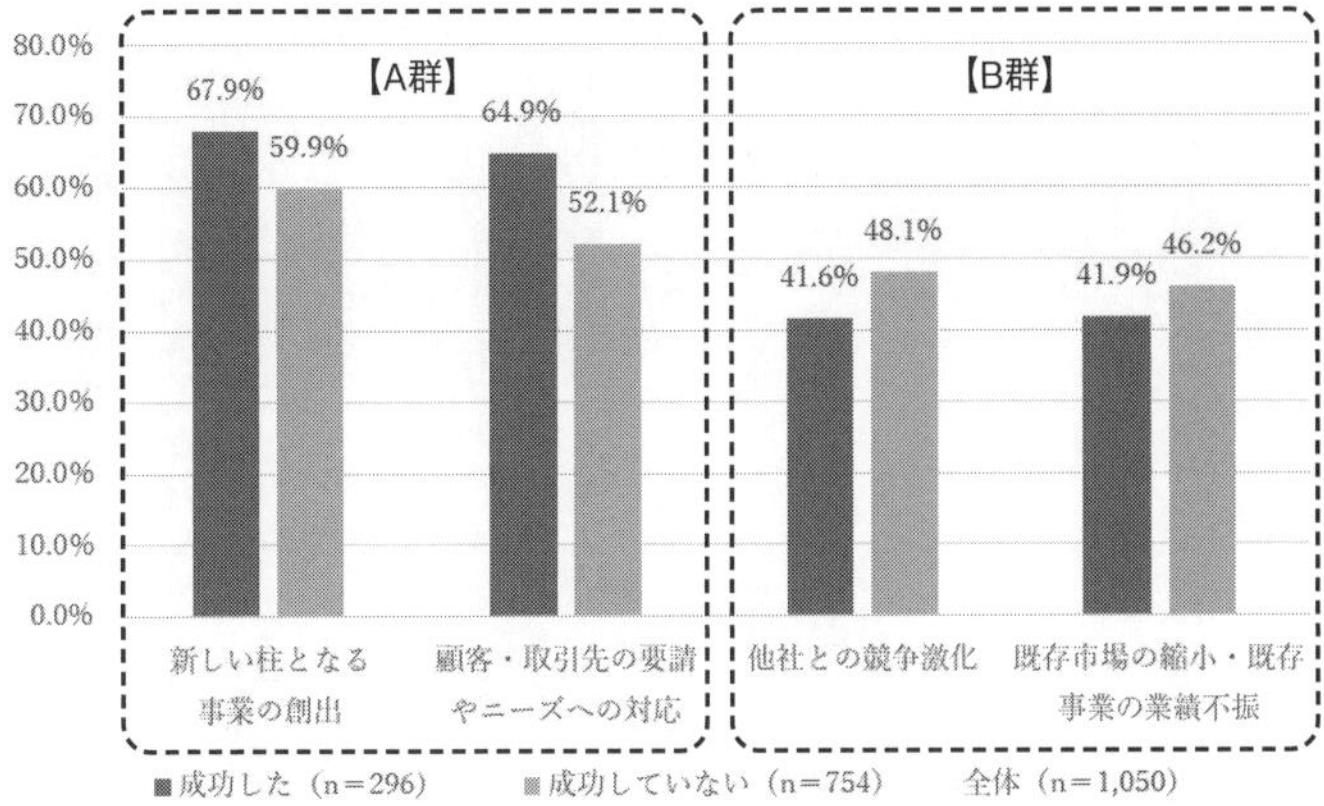

図1　新事業展開の成否別に見た、新事業展開を検討する背景
出所：中小企業庁（2017）『中小企業白書』より一部抜粋し作成。

4　なぜ新規事業進出が必要なのか？

再び先のアンケート調査「新事業展開の成否別に見た、新事業展開を検討する背景」[3]（図1）に目を向けると、新規事業進出の背景とその目的は、主に2つのタイプに分類されるように思われます。ここでは多数ある回答の中から特徴的な上位4つの回答を抜粋し、さらにそれらを2つのグループに分類しました。

まずは、【A群】を見てみましょう。このグループの回答は、「新しい柱となる事業の創出」と「顧客・取引先の要請やニーズへの対応」となります。これらの背景は、どちらかと言えば積極的な経営姿勢を表すものでしょう。前者は、新規事業進出を通じて新たな事業機会を模索したり、事業の重点の分散を試みたりする攻めの経営だと考えられます。後者も、既存の製品やサービスに止まることなく、顧客からの要請に呼応して新たな事業に進出する積極的な姿勢が見てとれます。他方の【B群】は、「他社との競争激化」と「既存市場の縮小・既存事業の業績不振」の双方とも、外部環境の好ましくない変化に（しかたなく）新しい事業に進まざるを得ない状況、これはいささか消極的な経営姿勢にも見えます。

さらにそれぞれを回答した企業の新事業展開の成否についても見てみましょう。積極的な経営姿勢と考えられる【A群】では、新事業に成功した企業の方がより多く回答しています。対して、どちらかと言えば消極的な経営姿勢だと思われる【B群】では、新事業に失敗した企業の方が多くなっています。ここから言えることは、大きな背景としては、いずれのグループにおいても経営環境の変化に対応して（あるいは先んじて）事業機会を模索し、さらなる利潤を得ること、企業を存続させることを目的としているということです。その上で、積極的な取り組みとしての新事業進出の方が成功している可能性が高いという事実が見られたのです。そして、一連の調査では新事業展開に成功した企業で経常利益率が増加傾向にあると答えた企業は51・4％、新事業展開に成功していない企業は30・2％であり、実際に新事業展開に成功した企業ほど、利潤も増加傾向にあることが明らかにされています。

5　成功する新規事業進出のポイント

それでは、中小企業が新規事業に進出する上で、ポイントとなるのはどのような事柄なのでしょうか。続く調査「新事業展開の戦略別、成否別に見た、新事業分野の選択において重視する点[4]」では、新事業で成功を収めていると答えた②市場開発、③製品開発、④多角化の各戦略をとる企業の全てが、第1に「既存事業の技術・ノウハウが活かされる」こと、第2に「市場規模が大きい・成長性が見込まれる」ことを挙げています。これは、企業の持つコンピタンス（経営に関わる能力）と進出先の事業分野（ドメイン）、進出先市場の見極めの重要性を表しています。そこで、ここでは「コアコンピタンス経営[5]」という観点から中小企業の新規事業進出のヒントを探してみたいと思います。

第1の「既存事業の技術・ノウハウが活かされる」ことについてですが、「コアコンピタンス経営」ではこれらの能力を「コアコンピタンス」の一部であると考えます。「コアコンピタンス」とは競合に対して、競争上の優位を構築する源泉となるものです。会計用語でいう「資産」のようなもの、例えば製品そのものやそれを造り出す高度な生産施設のようなものではありません。むしろ、無形の生産技術や生産方式、管理能力のような、まさに「技術やノウハウ」を指しているのです。すなわち、既存事業の技術・ノウハウが活かされるという観点では、自社の優れた製品やサービスそのものを見るのではなく、その製品やサービスを生み出している根源、つまり自社の「コアコンピタンス（＝経営の中核能力）」についてしっかりと認識する必要があるということになります。そして、その「コアコンピタンス」を活かすことのできる新規事業分野への進出が成功に向けた1つ目のポイントになります。

次に第2の「市場規模が大きい・成長性が見込まれる」ことについてですが、こちらはより難し

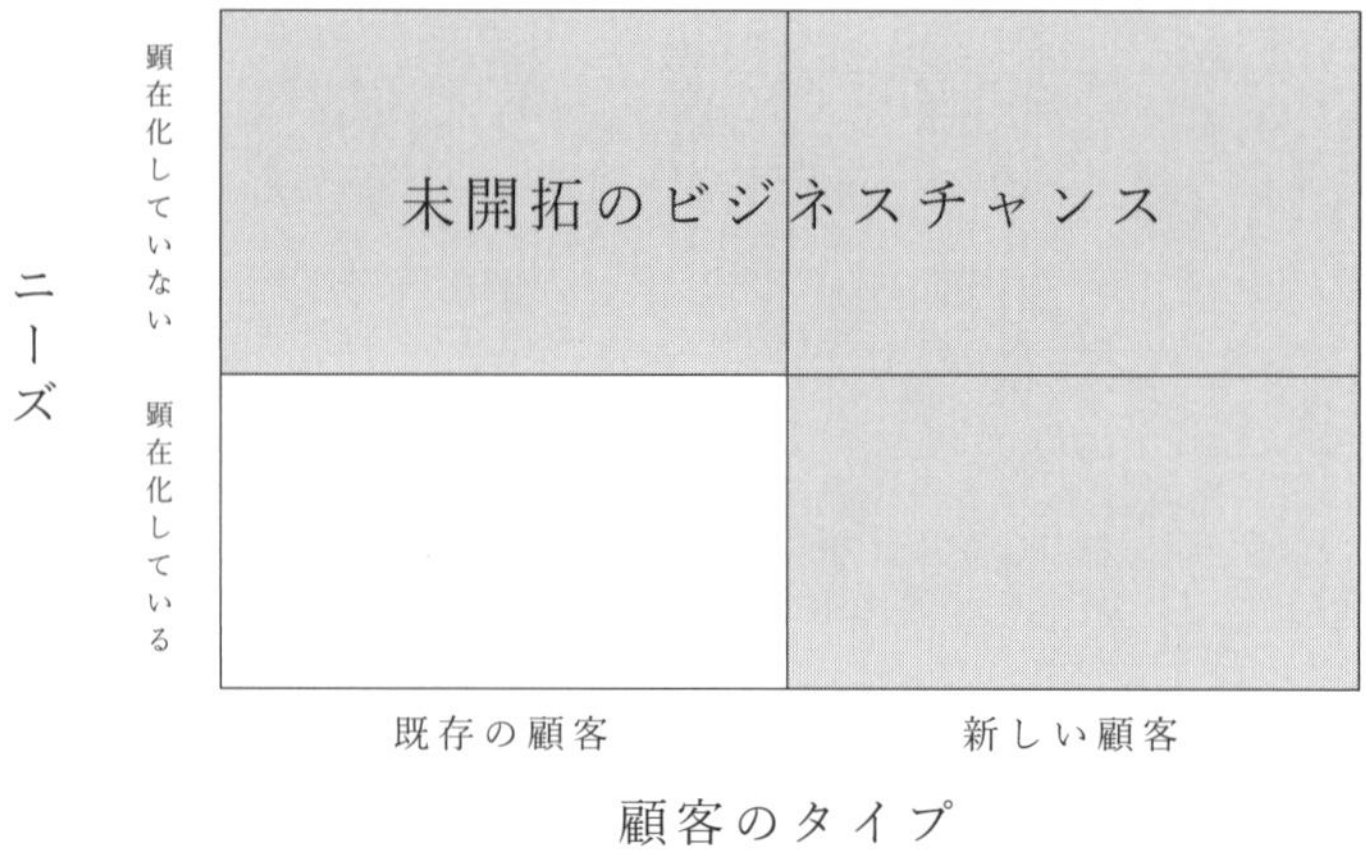

図2　顧客主導を超えて

出所：G. ハメル、C. K. プハラード『コアコンピタンス経営』166ページ。

い問題です。というのも、市場規模が大きければ競合も多くなり、大企業が幅を利かせている可能性も高まります。また、成長性が見込まれることが容易に予測できる市場であれば、多くの企業が参入を望むでしょう。では、「コアコンピタンス経営」ではどう考えるのでしょうか。一つの方法は、「顧客主導」ではない、「顕在化していないニーズ」を意識した新規事業への進出です。

通常の経営では、顧客アンケートや市場調査、競合分析などのマーケティング調査をおこない、顕在化しているニーズを把握し、そこに資源を投入するのが順当でしょう。**図2**で見れば、左下の象限「顕在化しているニーズ」に応え「既存の顧客」にアプローチすることになります。先のアンゾフの議論では「①市場浸透」、そして既存市場の拡大が主になるでしょう。対して、「顕在化していないニーズ」は「今」顧客が求めているものではなく、未だ市場には存在していない製品やサービスを提供するということなのです。大企業の事例ですが、コンポやラジカセのような大型の音楽機器しかなかった時代に、歩きながら音楽が聴ける「ウォークマン」[6]を発売したソニー、アメリカに手軽な移動手段がない時代に「スーパーカブ」[7]を持ち込んだホンダをイメージすれば分かりやすいかと思います。未だ実現していないニーズ、日常の困りごとの解決やあったら良いなと思われる製品を提供することが、「未開拓のビジネスチャンス」となるのです。

簡単なことではありませんが、自社の「コアコンピタンス」をしっかりと認識し、「顕在化していないニーズ」へとつなげることが、新規事業進出成功への大きなポイントとなるのです。また、中小企業の新規事業進出という点に特に注目すれば、大企業には無い機動性、ニッチな比較的小規模の隙間市場でも収益事業化可能な規模感、顧客に寄り添う姿勢などは、特に「顕在化していないニーズ」の発見に役立つかもしれません。

6 おわりに

本章では中小企業の新規事業進出に注目し、『中小企業白書』を中心にその実態を確認し、オーソドックスな経営学理論であるアンゾフの『企業戦略論』とハメルとプハラードの『コアコンピタンス経営』から、そのヒントを探してきました。第2部では、中華料理テイクアウト専門店「しょうへいの焼売」と「南方物産株式会社」を中心とした「N・T・グループ」の2つの事例を紹介しています。この2社は規模としては大きな違いがありますが、両社とも果敢に新事業に取り組んでいる優良企業です。前者の「しょうへいの焼売」は創業者の料理人としての能力と経験（創業者自身の持つコアコンピタンス）を遺憾なく活かした中華料理テイクアウト専門店という珍しいドメイン（顕在化していなかったニーズに応える）のマイクロビジネスの事例です。後者の「南方物産株式会社」を中心とした「N・T・グループ」は、フィリピンにおけるビジネスノウハウをコアコンピタンスとした大がかりな多角化であるだけでなく、日本と海外における労働問題に注目し、フィリピンからの人材派遣とその教育という当時は顕在化していなかったニーズを新たなビジネスとした好例になっています。本章、理論編の内容を意識しつつ、事例編を読み進めていただければ幸甚に思います。

注

[1] H・I・アンゾフ（1968）『企業戦略論』産業能率短期大学出版部（H. Igor Ansoff, *Corporate Strategy*, 1965, McGraw-Hill）。
[2] 中小企業庁（2017）『2017年版中小企業白書』384〜385ページ。
[3] 同右、388ページ。
[4] 同右、390ページ。
[5] G・ハメル、C・K・プハラード『コアコンピタンス経営』日本経済新聞社（Gary Hamel, C. K. Prahalad, *Competing for the Future*, 1994, Harvard Business Review Press）。
[6] ソニーHP「商品のあゆみ：パーソナルオーディオ」
https://www.sony.co.jp/SonyInfo/CorporateInfo/History/sonyhistory-e.html（2020年12月閲覧）
[7] ホンダHP「Super Cub Story Vol.3 海外展開」

https://www.honda.co.jp/supercub-anniv/story/vol3.html（２０２０年12月閲覧）

4章

中小企業の技術力とマーケティング
―中小企業の技術力をどうマーケティングするのかについて

追手門学院大学経営学部教授　朴 修賢

1　中小企業とマーケティング

日本における中小企業、とりわけ中小製造企業は、日本経済の高速発展において、その原動力となり、かつ地域社会の経済発展においても主導的な役割を担ってきています。ところが、中小企業は、大企業との比較における相対的概念であるが故に、現実社会において、一口に大企業と中小企業を区分して定義することは容易なことではありません。そのために、なぜ、中小企業と大企業を区分する必要性があるのか、すなわち、学術的な意図なのか、行政的な意図なのかなどによって、中小企業を規定する指標も中小企業の定義も異なってくるわけです。たとえば、中小企業を行政対策の対象として見る場合、日本では、中小企業基本法（旧基本法）によって、**表1**で示しているよ

表1　中小企業基本法による中小企業者・小規模企業者の範囲

業　種	中小企業者		小規模企業者
	資本金の額又は出資の総額	通常使用する従業員の数	通常使用する従業員の数
製造業その他	3億円以下	300人以下	20人以下
卸売業	1億円以下	100人以下	5人以下
サービス業	5,000万円以下	100人以下	5人以下
小売業	5,000万円以下	50人以下	5人以下

出所：中小企業庁（https://www.chusho.meti.go.jp）

うに、「資本金の額又は出資の総額」と「通常使用する従業員の数」という量的基準によって「中小企業者」を卸売業、サービス業、小売業製造業その他、に区分して定義しています。また、「中小企業者」と「小規模企業者」を区分しています。一方、中小企業を規定する基準には量的基準だけでなく、アメリカの中小企業法が要件としている「独立性と市場支配的でないこと」のように、市場において相対的に弱い競争地位を持つ企業を中小企業として捉える見方もあります。したがって、中小企業は、人材、資本力、組織力、競争力などにおいて、相対的に十分な資源を有していないものだと言えます（清成・田中・港、1996、5－6頁）。

日本経済における中小企業、特に、製造分野、その中でも自動車や電機などと代表される中小製造企業は、戦後、高度経済成長期を経る間、大企業との系列関係を基盤とした下請生産に依存していたため市場の不確実性に晒されることも少なく、比較的に安定的な収益を確保しながら、高い技術力を蓄積することもできていました。このような背景から、従来の中小製造企業の経営において、最大の関心事は「技術力」となり、経営資源のほとんどを新技術開発や技術力向上に集中させており、独自の営業活動やプロモーション活動などに関わる「マーケティング活動」に対する関心度は比較的に高くなかったのが実情でした。

しかし、高度経済成長期以降、中小企業の内外的な経営環境が変わってきました。国際的コスト競争の激化、国内企業による海外への生産拠点移転の加速化、消費者ニーズの多様化、少子高齢化による人口減少が進んでおり、これらの状況的な変化は、中小企業を取り巻く経営環境に多大な影響を与えています。特に、大企業との下請取引に依存していた中小製造企業も、市場に直接向き合い、独自の需要と販売経路を開拓していくマーケティング中心の経営に注目せざるを得なくなりました。

中小企業経営におけるマーケティング実践問題は、近年の20年間、学界・実務界において重要視されるべき研究領域の一つとして言及され、多岐にわたる議論が求められていましたが、現実的には、中小企業にとっての「マーケティング」とは一体何か、かつ、その実践はどのようになされてきているのか、もしくはどのように実践すべきであるのか、という一連の問題についての具体的な検討はそれほど多くなされていないのが実情です。そこで、本章では、伝統的なマーケティングの生成・発展の過程を振り返りながら、今日の中小企業におけるマーケティングの実践問題について触れてみたいと思います。

2　マーケティングの生成と発展

マーケティングは、19世紀末から20世紀初頭にかけて、アメリカにおいて発生したものだと知られています。そのため、「マーケティングとは何か」を説明する際に、アメリカマーケティング協会（AMA）からの定義がよく引用されています。AMAは、1935年にマーケティングについて初回の定義を発表した以降、2007年までの間に、何度かの改定を行っています。このようにマーケティングに対する定義が繰り返し改定されていることは、時代の変化に伴ってマーケティングに対する考え方も変遷してきているからだと考えられます。

AMAによる定義に基づいて、マーケティングの生成・発展の過程を振り返ってみると、まずAMAは、1935年に「マーケティングとは、生産地点から消費地点にいたる商品及びサービスの流れに携わるもろもろの事業活動である」と定義しています。

マーケティングの生成は、19世紀末にアメリカ社会で起きていた過剰生産物問題・剰余農産物問題が背景となっています。当時、マーケティングは、アメリカ社会全体にわたる観点から消費財部門と農産物部門における過剰生産物・剰余農産物の問題を解決するための問題解決策として受け入れられていました（石川、2004、8頁）。19世紀末から、アメリカには、資本主義の発展に伴い、資本集積及び資本集中が進み、消費財部門ではタバコ、砂糖、缶詰、生産財部門では鉄鋼、石油といった一部の商品部門において大量生産体制を備えた巨大寡占企業が登場し、市場への供給量を飛躍的に増加させ、生産側からの供給量が市場の需要量を大幅に超過する過剰生産の問題を引き起こしていました。また農業部門でも、生産における近代化・機械化が進み、生産能力が飛躍的に向上したことから、自給自足経済体制が崩れ、剰余農産物を産地から遠隔の加工工場、あるいは全国の消費者へとどのように流すか、または売り込むかということが重要な問題として生じていました。当時のアメリカでは、これらの問題を、個別企業単位の問題として認識するよりは、社会全体にわたる問題として取り上げていました。そしてそれに対する解決策、すなわち新しい流通・販売技術としてマーケティングが浮上していたのです（朴、2006、114-115頁）。

次に、AMAは1985年に「マーケティングとは、個人及び組織の諸目的を達成させる交換を創り出すために、アイデア、財、及びサービスをめぐるコンセプトの創生、価格設定、プロモーション、及び流通を計画し、実行するプロセスである」として定義を変更しました。

初期のマーケティングが社会全体の観点からの問題解決策として受け入れられたこととは異なり、1950年代からは、マーケティングが企業単位の意思決定と問題解決のためのプロセスとして捉えられ、いわゆるマーケティングに対する管理的なアプローチが始まっていました。管理的マーケティングの登場は、不景気による消費者購買力の低下が続いていたことが背景となっています。世界大恐慌や第二次世界大戦を通じて、世界経済は大きなダメージを受け、消費者の購買力は極度に低下していました。消費者の購買力が回復しない景気不況の下で、企業らは熾烈な低価格競争に直面することになりますが、特に巨大寡占企業の間では、そのような価格競争を回避しながら、消費者の購買力を回復させるために、消費者の潜在的なニーズに基づいた製品を生産して販売を増進する、いわゆる顧客志向マーケティングによる業績改善を目標としていました。そしてその目標達成のために、マーケティング活動は単に販売領域にとどまらず生産の領域にまで入れ込み、より総合的な管理活動として見られるようになりました。そして、管理マーケティング領域において、企業の最大課題が顧客満足であり、それを獲得するための企業の統制可能な諸手段について多岐にわたる議論が行われたすえ、McCarthy（1960）によって提唱された製品計画（Product）・価格設定（Price）・流通（Place）・プロモーション（Promotion）という4P's、いわゆるマーケティング・ミックスの枠組みを中心とした理論的な体系化が進められました。4P'sの枠組みを中心とした管理的マーケティングは、現在に至るまでも、学界・実務界において支配的なマーケティング思想として受け入れられており、「伝統的なマーケティング」として呼ばれています。

最後にAMAは、2007年に「マーケティングとは、顧客、依頼人、利害関係者、社会全体にとって価値のある提供物を創造・伝達・配達・交換するための活動であり、一連の制度、そしてプロセスである」としてマーケティングの定義を変更しています。これは、伝統的なマーケティングでは、マーケティング活動における主体は企業と顧客であり、両者間の交換行為を中核としていると見ていましたが、マーケティングに関わる取引・相互作用の主体を利害関係者や社会全体にまで広げる、かつ交換価値概念の拡張により、マーケティングの適用が企業らによる商業活動に限られることでなく、多方面に拡大していることを示唆しています。

3　中小企業マーケティングの制約と限界

2に既述したように、マーケティングは、19世紀末にアメリカ社会で起きていた過剰生産物と剰余農産物の問題を解決するための問題解決策として台頭した以降、時代の変化とともに、マーケティングの適用領域、マーケティングの機能や役割に対する考え方も徐々に変遷してきています。

その中でも、1950年代から始まっているマーケティングに対する管理的なアプローチ、いわゆる伝統的なマーケティングは、今日においてマーケティングの基本原理として、大中小の規模を問わず多くの企業及び組織に広く適用できると、一般に認められています。

しかしながら中小企業領域におけるマーケティングという存在は、『有るようでいて姿が見えにくく、無いようでいて多くの中小企業が現実に日々実践しているものだといえる』（田中、2014、4頁）とし、中小企業の企業活動に関連したマーケティングの明確な定義は存在しておらず、理論的枠組みも確立できているとは言い難いです。これまでの日本における中小企業研究は、主に中小企業存立論、中小企業政策論、中小企業経営論という3つの分野に集約されており、中小企業マーケティングは、中小企業経営論の範囲に入れて検討されていましたが、中小企業経営論としての体系が確立されているともいえない状況です（田中、2013、10頁）。

一方、伝統的なマーケティングは寡占的製造業、とりわけ消費財製造企業を出発点としています。そして、今日、一般的に受け入れられている中小企業マーケティングは、伝統的なマーケティングの考え方をそのまま中小企業に適用したにすぎないという批判の声が少なくありません。例えば、田中（２０１４）は、「中小企業マーケティングは、あくまで伝統的マーケティングの中小企業バージョンであり、まったく別個のものとはいえないと述べたうえ、中小企業マーケティングを本質的に考えるためには、少なくとも大企業とは異なる中小企業特有のマーケティング的な特質を明らかにする必要がある」と主張しています。

また、Chaston and Mangles（２００２）も、「中小企業におけるマーケティング理論の開発はやや制限されており、大企業で使用されている伝統的なマーケティングモデルを中小企業に適用することに依存していると言い、中小企業のマーケティングを考えるためには、中小企業の特徴を解明した理論体系の上で、中小企業マーケティングの理論的枠組みを確立する必要がある」と主張しています。

他にも多くの研究者によって、今日におけるマーケティング理論は主に大企業・組織の研究に基づいて開発されており、中小企業マーケティングを深く洞察した研究は限られています。かつ中小企業マーケティングを研究・実践するにあたって、中小企業の特性が十分に検討されなければならないことが主張されています（Moorman and Rust, 1999; Stokes, 2000; Simpson and Taylor, 2002; Claudette, Michael, and Johannes, 2015）。

中小企業マーケティングの特性について、Reijonen（２００９）は、中小企業のマーケティングには、大企業・組織のマーケティングとは異なる独自の特性があると言い、その詳細を以下のように述べています。まず、中小企業マーケティングは「教科書」のマーケティングと比較して、やや否定的な意味合いを持っているように見えるかもしれないが、無計画、非公式、緩い、構造化されていない、自発的な属性として特徴付けられており、中小企業はマーケティング活動と関連して、価格設定、計画設定、トレーニング、予測に関して特に弱点を持っているようです。次に、中小企業マーケティングはイノベーションによって推進されることが多く、外部環境の変化への対応力が弱いのに比べ、マーケティング環境に対する直感と認識を重視しています。

このような中小企業マーケティングの特徴は、中小企業が悩まされている、さまざまな制限に起因することが多いと考えられています。中小企業は、財務的制約、マーケティング専門知識の欠如、事業規模、狭い顧客層、リソース不足、経営者のマーケティング能力への過度の依存などの制約を有しています。とりわけ中小製造業の場合、「経営者」と「製品」への依存という特色が顕著であり、中小企業マーケティングは大企業のように戦略的、組織的かつ機能的に推進されるというよりも、経営者による制約された合理性のもとで意思決定がなされる、いわゆる非組織的意思決定が優先されています。

4　中小企業におけるマーケティングの実践

中小企業におけるマーケティングの実践問題について、多様な意見がありますが、本章ではその

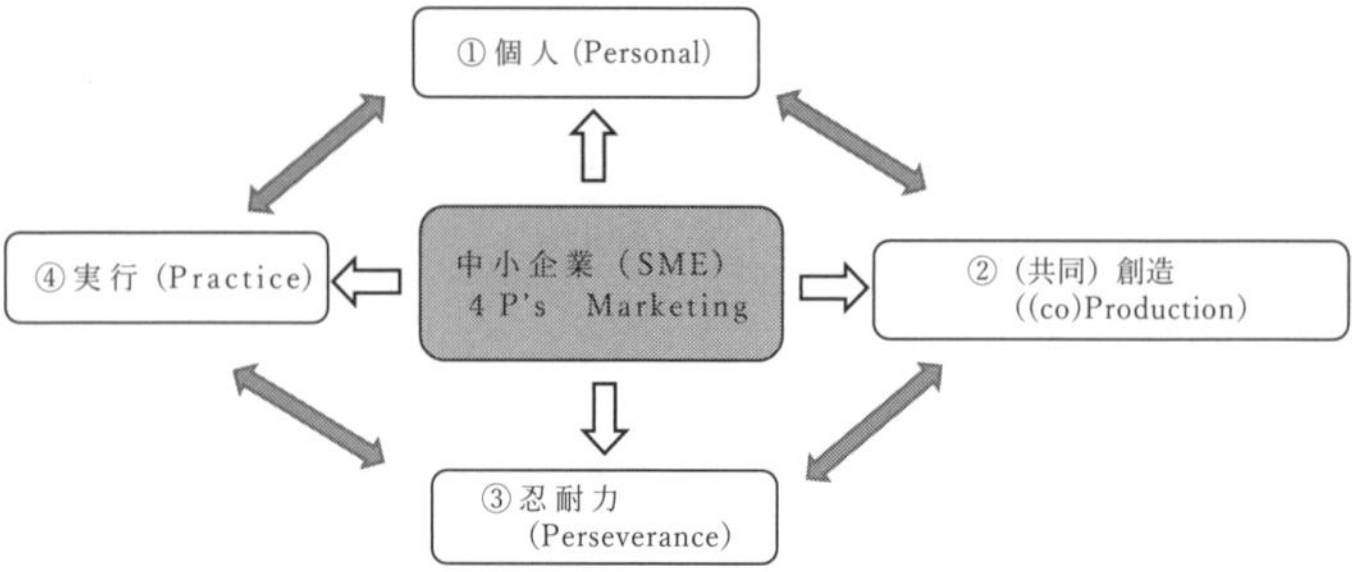

①Personal：経営者は独自のスキルと顧客関係性を通じてビジネスを具体化する。
②（co）Production：サービスや商品はお客様と共創される。
③Perseverance：長期的な顧客関係の維持。
④Practice：計画より、タスクの実行に焦点が当てられる。

図1　中小企業マーケティングのための4P'sモデル
出所：Resnick *et al.* (2016), 168頁

中でいくつかを紹介します。まず、Resnickら（２０１６）は**図１**のように「中小企業のための4P'sモデル」を提案し、中小企業におけるマーケティング実践の現状を説明しています。彼らによると、中小企業の経営者は、マーケティングが時間と費用を費やす価値のある活動であるのかについて、基本的に確信はありませんが、個人（Personal）、（共同）創造（(co) Production）、忍耐力（Perseverance）、実行（Practice）という4つの異なる属性に基づいて、実質的にはマーケティング活動を受け入れていると分析しています。

そして田中（２０１４）は、中小企業マーケティングは伝統的マーケティングより簡素でシンプルなシステムが求められていることを主張しています。中小企業は伝統的マーケティングの簡素化や限定的な実施によって、一定の成果を獲得することができるという話です。さらに、彼は中小企業があまりに

も多様な存在であり、中小企業の一般的把握は困難であるため、伝統的マーケティング活動が、中小企業内でどの程度適用できるのかを評価するために、**表1**に従い、すなわち中小製造業、中小卸売業、中小小売業、中小サービス業にわけて、アプローチすることを提案しています。

5 おわりに

今日、中小企業の存続と発展においてマーケティング諸活動の重要性は様々な議論を通じて強調されており、グローバル化と情報通信技術の進展は、中小企業にとって機会だけでなく課題も与えています。中小企業が直面する主要な課題の1つがマーケティング実践です。本章では、中小企業マーケティングに焦点を当てて、中小企業特有の制約と、中小企業マーケティング論の限界、すなわち大企業に基づいて開発されてきている伝統的なマーケティングの考え方を中小企業経営にそのまま適用することによって生じる理論的な限界が存在しているという、中小企業マーケティングの現状について説明しました。中小企業のマーケティング実践問題は、現在の制約と限界性を踏まえながら、中小企業の特性と本質的側面に基づいてより多くの検討がなされるべきであり、かつ中小企業経営において、マーケティング諸活動がどのように貢献できているのかに対する多方面からの検証が求められるという提案をすることで、本章の終わりにしたいと思います。

参考文献

Chaston, I. and Mangles, T. (2002), *Small Business Marketing Management*, Palgrave Publishers, Basingstoke.

Claudette, R., Michael C. C., and Johannes A. W. (2015), "Small and medium enterprise development: do traditional marketing functions have a role to play?", *Problems and Perspectives in Management*, vol.13, Issue4. pp.79-84.

Moorman, C. and Rust, R. (1999), "The role of marketing", *Journal of Marketing*, Vol.63 (special issue 1999), pp.180-197.

Reijonen, H. (2009), "Role and Practices of marketing in SMEs",
https://erepo.uef.fi/bitstream/handle/123456789/9453/urn_isbn_978-952-219-306-3.pdf（２０２０年12月22日閲覧）

Resnick, S.M., Cheng,R., Simpson, M., and Lourenco, F. (2016), "Marketing in SMEs: 4'Ps, self-branding model", *International Journal of Entrepreneurial Behaviour and Reseach*, Vol.22, No.1,pp.155-174.

Simpson, M., Taylor, N. (2002), "The role and relevance of marketing in SMEs: towards a new model", *Journal of Small Business and Enterprise Development*, Vol.9, No.4, pp.370-382.

Stokes, D. (2000), "Putting entrepreneurship into marketing: the processes of entrepreneurial marketing", *Journal of Research in Marketing and Entrepreneurship*, Vol.2, No.1, pp.1-16.

石川和男（２００４）『商業と流通』中央経済社。

清成忠男・田中利見・港　徹雄（１９９６）『中小企業論―市場経済の活力と革新の担い手を考える―』有斐閣。

田中道雄（２０１３）「中小企業マーケティングの構造試論」『大阪学院大学流通・経営学論集』第39巻、第１号、１－31頁。

田中道雄（２０１４）『中小企業マーケティング』中央経済社。

朴　修賢（２００６）「リレーションシップ・マーケティングの進展―顧客視点を中心として」『現代経営情報学部研究紀要』大阪成蹊大学、第３巻、第１号、１１３－１３６頁。

5章

中小企業経営とキャッシュ・サイクル
―中小企業の自立した経営に必要な会計的ポイントについて

追手門学院大学経営学部准教授　宮宇地　俊岳

1　はじめに

中小企業が長期的に成長・存続していくためには、外的な経営環境の変化や、元請企業、金融機関、取引先などの企業の行動変化などに対して、自らの足で立っていることが求められます。中小企業が自立を可能にするためには、資金的な余裕をもてるような、あるいは倒産しないためのキャッシュ・サイクルを構築する必要性があり、さらには、商流上のネックとなりうる原材料・部品を自製する必要性もあります。そこで、本章では、中小企業の自立のために必要なポイントについて、会計学的な視点からの説明と、経営学的な視点からの説明をします。

2　キャッシュ・サイクルの管理

中小企業が、資金繰りの点で倒産から遠い状態にあると、資金面で強く自立できている状態に該当します。ここで、倒産するとはどのような状況かについて確認します。帝国データバンクでは、「倒産」を以下の6つのケースに該当する場合として定義しています。具体的には、①銀行取引停止処分を受ける、②経営代表が倒産を認めて内整理をする、③会社更生手続開始を裁判所に申請する、④民事再生手続開始を裁判所に申請する、⑤破産手続開始を裁判所に申請する、⑥特別清算開始を裁判所に申請するといったケースです。このうち資金繰りの面で直接的に「倒産」に関わるのは①でしょう。①は、手形や小切手の支払期日が到来した際に、当座預金口座の預金残高、あるいは当座預金口座に充当すべき普通預金・現金が不足した際に、上記の支払要求に応じられないことによるものです。預金残高が不足することで、手形や小切手の支払いに応じられない事態のことを、手形や小切手の「不渡りを出す」といいます。制度上は、1回目の不渡りを出した後6ヶ月以内に2回目の不渡りを出すと、手形交換所（手形や小切手を取引するところ）から取引停止処分を受け、その後2年間はすべての銀行と当座取引・貸付取引ができなくなり、事実上の倒産状態となります。制度上は2回目まで、不渡りの猶予を与えていますが、実際には、1度でも不渡りを出してしまうと、その情報が噂として出回ってしまい、取引先から取引代金の支払条件の変更等を求められることも想定されます[1]（宮宇地［2016］38頁）。手形の支払期日はタイムラグをもってやってきます

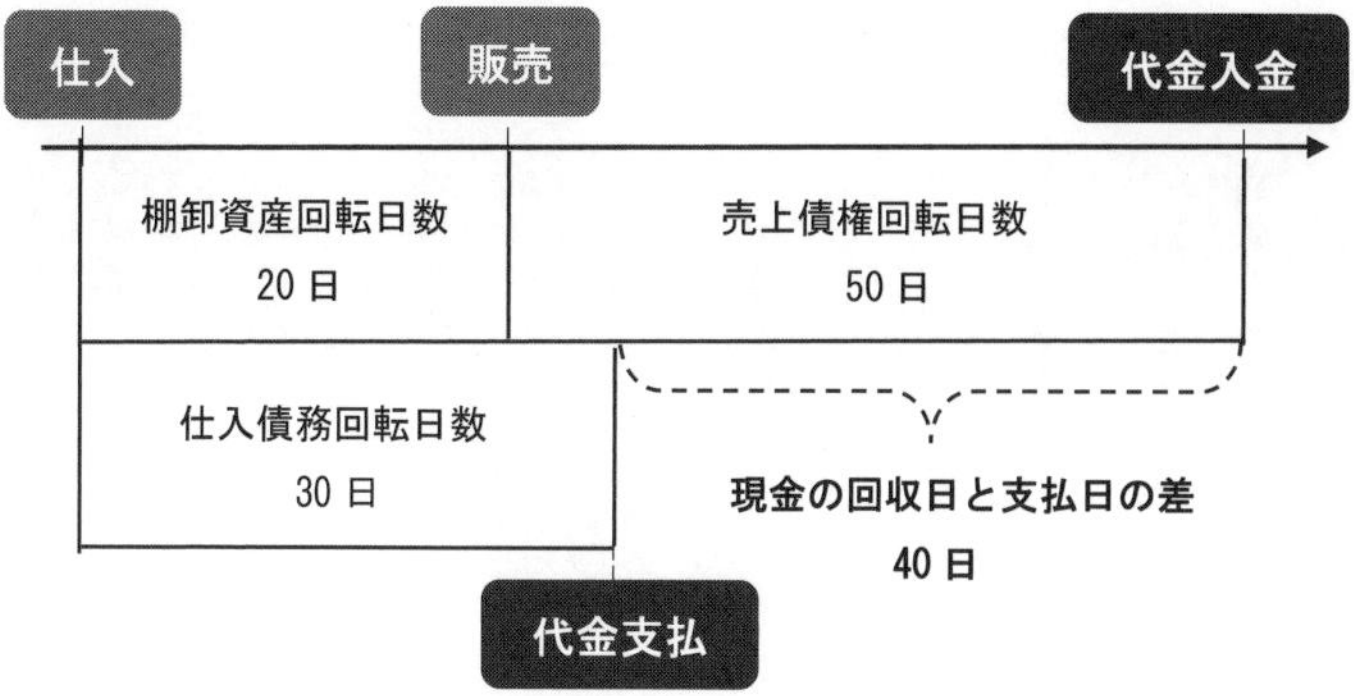

図1　キャッシュ・コンバージョン・サイクルの概念図
出所：乙政［2018］, p.137 をもとに一部修正して作成

が、当座預金口座の残高を常時把握するのも手間です。当座借越契約を締結し、万が一の当座預金口座の残高不足を回避するのはもちろんですが、銀行取引停止を回避する意味で、手形の不渡りを出さないためにも、支払手段として「支払手形」の利用をやめる選択肢もありうるでしょう。

企業経営を行う上で、気を付けておくべき点ですが、最低限行っておくべきことの1つは、当たり前のことですが、短期的な資金を融資してくれる金融機関を味方に付けておくことです。もう1つは、「実質無借金」経営の状態を保つことも重要です。通常、有利子負債がゼロの状態を「無借金」と呼ぶのに対し、有利子負債は抱えているものの、それを上回る現預金・短期保有の有価証券（いわゆる手許流動性）を保有しており、有利子負債を差し引いても十分な手許流動性が確保されている状態を「実質無借金」経営と呼びます。これらの最低限の前提を確保した上で、次に取り組むべきことの1つとして、「キャッシュ・コンバージョン・サイクル（cash conversion cycle、以下CCC）」

の管理が挙げられます。

ＣＣＣとは、資金サイクルの中で、仕入債務の代金支払時点と売上債権の入金時点との日数差のことをいいます。「ＣＣＣ＝棚卸資産回転日数＋売上債権回転日数－仕入債務回転日数」として求められるもので、その概念図を**図１**に示しています。商品の仕入から販売までに20日間、販売代金の回収までに50日間かかるとします。また、仕入代金の支払いは販売代金の入金より先に到来することが通例ですので、仕入から40日後に仕入代金の支払日がくるとします。この場合、代金支出と代金入金までに40日間の間隔が開いていることになります。この時間的な間隔がＣＣＣです。このＣＣＣを求めることによって、現金流入と現金流出のサイクルを日数と時間的感覚として把握することができます。このＣＣＣが短いほど良好な資金サイクルと考えられるため、良好な資金サイクルを確立するためには、売掛金・受取手形の回収期日の早期化、買掛金・支払手形の支払期日の延長、および在庫の削減・適正化などが有効な措置となります。

3　会計数値から財務的な健全性を捉える

本節では、企業の財務的な健全性を測定することができる各種財務指標について紹介します。まず、企業の財務リスク、すなわち債務支払能力が十分であるか否かを分析することを「安全性の分析」といいます。この安全性の分析は、⑴短期的支払能力をみる流動性分析と、⑵長期的支払能力

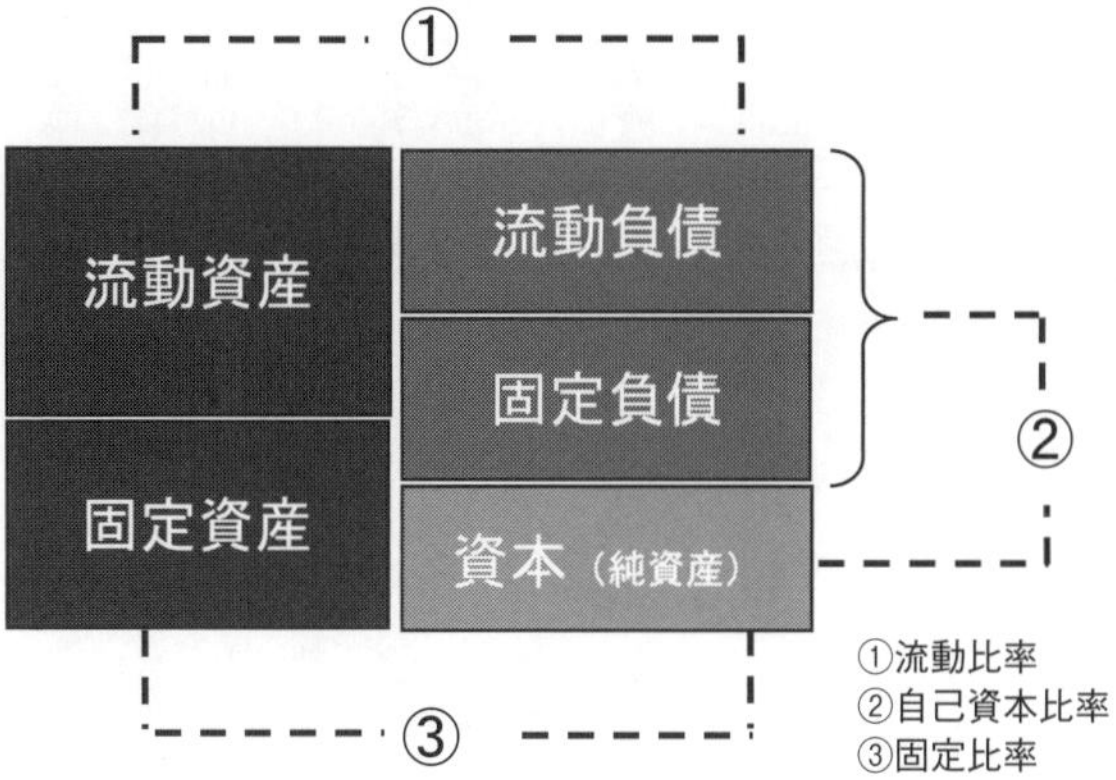

図2　安全性分析の指標と貸借対照表項目との対応関係

をみる財務構造分析とに区分されます。

（1）短期的支払能力の分析

図2は、安全性分析の指標と貸借対照表項目の対応関係を示した図ですが、**図2**の①の対応関係が流動性分析に該当します。流動性分析では、企業の流動性、すなわち短期的債務支払能力をみるために、近い将来に支払いを必要とする流動負債と、その支払手段となる流動資産とのバランスをみることになります。その代表的な指標が、流動比率と当座比率です。

①流動比率

流動比率とは、流動負債に対して流動資産がどれだけ用意されているかをみる比率で、「流動資産÷流動負債×１００（％）」として求められる指標です。この指標は高いほど安全とされ、一般的に２００％以上あれば安全とされます。しかし、実際の製造業平均は１１０～１４０％程度で、その水準でも十分に安全だと考えられます。流動比率分析における注意点としては、流動資産には「棚卸資産」が含まれる点です。棚卸資産には、売れるまで現金化されない在庫商品や、販売を予定していない原材料、事務用消耗品、さらには経過勘定項目である前払費用等も含まれるためです。

②当座比率

当座比率とは、当座資産が流動負債に対してどれだけあるのかを算出する比率で、「当座資産÷流動負債×100（%）」として求められる指標です。ここで、当座資産とは、流動資産のなかでも特に換金可能性の高い資産をさし、現金・預金と売上債権（売掛金・受取手形）・有価証券などからなります。流動比率が必ずしも短期間で現金化される保証のない棚卸資産等を含む指標である点を克服した指標で、流動比率より厳格な短期の支払能力を示す指標だといえます。この指標も高いほど安全とされ、一般的に100%以上あれば安全とされます。実際の製造業平均は60%程度で、その水準でも十分に安全とされます。

(2) 長期支払能力の分析

企業の長期の支払能力を測定するためには、財務健全性、すなわち財務構造の分析を行う必要があります。長期資金の調達と運用のバランスや、資本構成から測定されます。その代表的な指標が自己資本比率と固定比率です。

①自己資本比率

自己資本比率は、総資本のうち、どれだけが自己資本から調達されているのかを測定するための指標で、自己資本を総資本で割って算定されます。これは、（返済の必要性がない）自己資本と（返済の必要性がある）負債のバランスをみる指標です。**図2**の②の対応関係がこの指標の分析に該当します[2]。

②固定比率

固定比率は、長期的な資金運用（固定資産）と長期の資金調達（自己資本）とのバランスをみる指標で、「固定資産÷自己資本×100（%）」として求められます。投下した資金を長期間拘束する固定資産への投資は、返済期限がなく、もっとも安定的な資金調達源である自己資本でまかなわれるべきです。この指標は低いほどよく、一般的に100%以下であればよいとされます。電力、ガスなどのインフラ事業の企業は固定資産が多くその水準達成が困難とされますし、製造業が多い日本企業の平均値は160%程度です。固定資産は、年月を経ると減価償却によって簿価が少額になるため、長い年数が経過した設備を保有する企業はこの指標が低くなります。**図2**の③の対応関係がこの指標の分析に該当します[3]。

(3) 効率性指標の応用

財務的な健全性を測定する安全性の指標以外に、効率性指標を応用して、倒産リスクを捉えることもできます。ここで効率性とは、投下した資本の使用効率、すなわち、投下資本が売上高の回収にどの程度貢献しているかを示す尺度です。効率性は「売上高÷投下資本（資産）」として求められ、算定された指標は回転率（turnover ratio）として扱われます。この指標は、投下資本（つまりは資産）が1年間に回収され、再投資された回数を示す指標です。効率性は、総資産についてだけでなく、売上債権、棚卸資産、有形固定資産といった各資産項目についても求めることができます。特に、売上債権や棚卸資産の回転率については、売上獲得の効率性という視点だけではなく、売上債権の回収スピードや、棚卸資産の販売スピードといった視点から解釈することもでき、企業の資金繰りを分析する指標としても用いることができます。

①売上債権回転率

売上債権回転率は、売上債権（売掛金、受取手形）が、どれだけ早く売上として回収されているかを表す指標で、「売上高÷売上債権［貸倒引当金控除後］（回）」として求められます。売上高に占める売上債権の比率を示すとも考えられ、この指標の低下（分母が大きくなることを原因とする）は、売上債権滞留による資金繰り悪化を示すこともあります。スーパーなどの小売業のように、売上代金をその場で現金で受け取る業種は、売上債権が少なくなるため、当該指標は高率になる傾向があります。「365日÷売上債権回転率」の計算を行うことで、日数換算された「売上債権回転日数」を導くことができます。

②棚卸資産回転率

棚卸資産回転率は、商品・製品が効率的に払い出され、売上高の獲得に貢献しているか否かを表す指標で、「売上高÷棚卸資産（回）」として求めることができます。ただし、売上高を用いると製品・商品の価格政策の影響が入るため、売上高ではなく仕入値をベースとする売上原価を用いることも考えられます。在庫が将来的に利益を稼ぐか、不良化して損失となるかは、在庫が正常回転しているかどうかに依存します。オーダーメイド型の受注生産を行っている企業は、受注してから製品を作り始めるため、相対的に在庫が少なくなり、当該回転率は高くなる可能性があります。「365日÷棚卸資産回転率」の計算を行うことで、日数換算された「棚卸資産回転日数」を導くことができます。これらの財務比率に着目し、定期的に自社の倒産リスクの高低を把握することが重要となります。

4　生産費用と取引費用からみた垂直統合戦略

中小企業の自立を可能にするためには、資金的な余裕の確保以外に、商流上のネックとなる原材料・部品を自製する必要性もあります。商流上、鍵となる原材料・部品の量や品質を確保すること自体が、非常に重要な経営管理事項ですが、それ以外にも経済的な効果があることも知られています。本節では、経営学的な（厳密には、産業組織論［応用ミクロ経済学］的な）視点から、原材料・部品の自製について説明を行います。

市場取引におけるコストと便益は、生産プロセスに関わる「生産効率（技術効率：technical

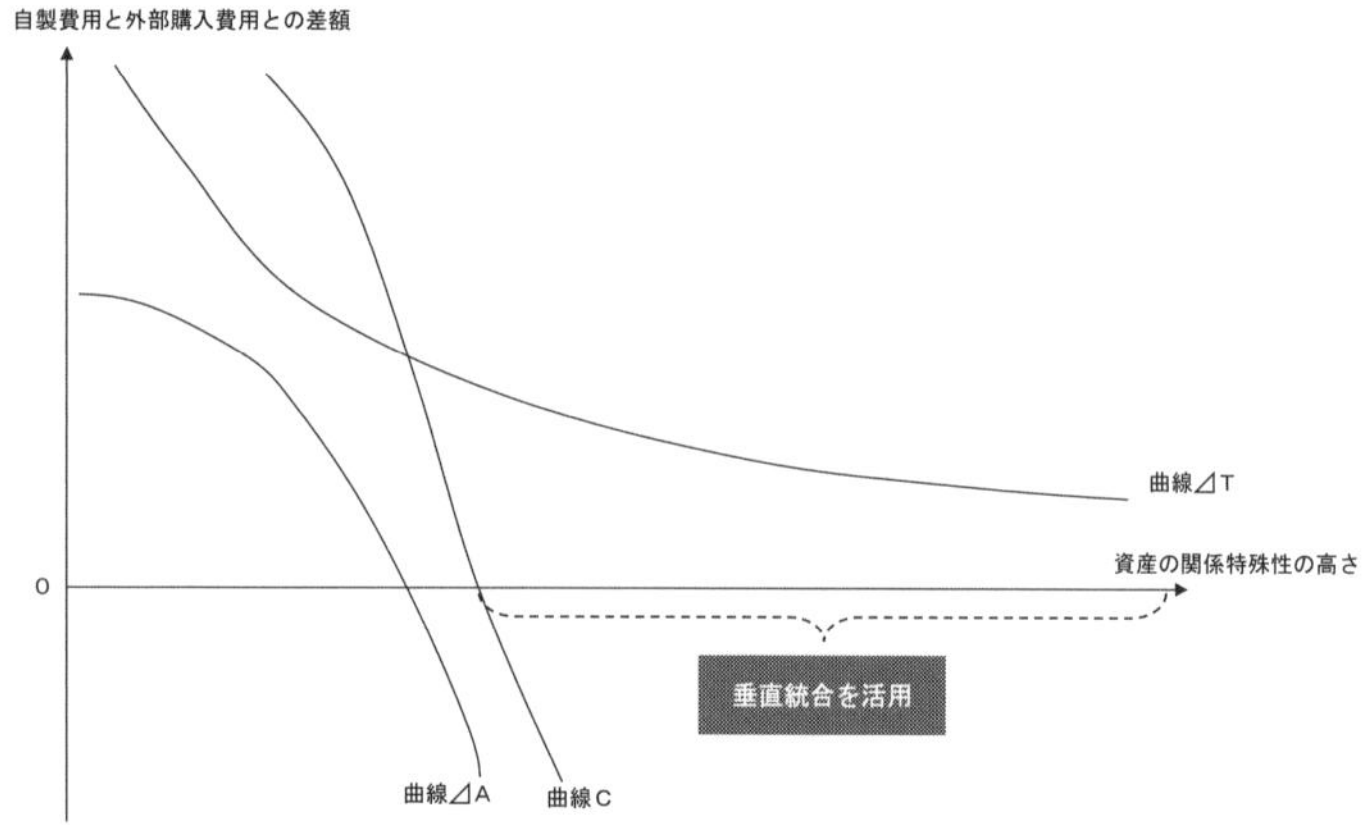

図3　資産の関係特殊性と2つの効率性のトレードオフ
出所：Williamson［1985］, p.93 をもとに作成

efficiency）」と、取引プロセスに関わる「取引費用効率（エージェンシー効率：agency efficiency）」とに区分されます（Besanko *et al.*［2000］p.184）。企業が原材料や部品の取引を行うにあたって、市場取引を活用するか、それとも自社での自製を行うかの意思決定にあたっては、前述の生産効率と取引費用効率にどのような効果が出るのかが影響することになります。

その際に、もう一つ鍵となる概念は「関係特殊性資産」です。製造業では、原材料・部品の製造にあたって、仕入先企業との多くの擦り合わせが必要となります。ここで、仕入先企業－発注元企業のように、2つの企業が長期的な取引を行うことを想定した際に、2社間の取引においては有効であるものの、他社との取引においては価値がないような資産・投資のことを「関係特殊性資産（relation-specific asset）」といいます。[4] 資産の関係特殊性が高い場合には、後方垂直統合を行って一貫生産体制を構築することで、生産効率と取引費用効率における非効率の合算値を最小化することが可能となります。

図3は、縦軸に「自製費用と外部購入費用との差額」をとり、横軸に「資産の関係特殊性の高さ」をとり、生産効率性（曲線⊿T）と取引費用効率性（曲線⊿A）の推移をプロットしたものです。曲線⊿Tは、企業が垂直統合して部品を生産（自製）した場合と、外部から購買した場合との生産面での最低費用の差を示しています。他方で、曲線⊿Aは、垂直統合して部品を自製した場合と、購買した場合との取引面での最低費用の差を示しています。

曲線Cは、「曲線⊿Tと⊿Aを垂直和」したもので、「（自製した場合の生産費用＋取引費用）－（外部購入した場合の生産費用＋取引費用）」を表すものです。曲線Cが正の値を示している領域では、「垂直統合し自製した場合の総コスト」の方が「外部購入した場合の総コスト」より高くなることを意味し、垂直統合は推奨されません。他方で、曲線Cが負の値を示している領域では、「垂直統合し自製した場合の総コスト」の方が「外部購入した場合の総コスト」より低くなることを意味し、垂直統合が推奨されます。つまり、原材料・部品を生産するにあたって、関係特殊性の高い資産への投資を必要とするケースに該当する場合には、垂直統合から企業が受ける恩恵が大きくなると言えます（Williamson［1985］pp.92-96, Besanko *et al.*［2000］pp.184-190）。

5　おわりに

本章では、中小企業が自立を可能にするためには、資金的な余裕をもてるような、あるいは倒産しないためのキャッシュ・サイクルを構築する必要性があり、さらには、商流上のネックとなりうる原材料・部品を自製する必要性もあることから、会計学的な視点と経営学的な視点の2点から説明を行いました。

第2部において、具体的な企業の例として登場する（株）ダイフジは、厳格なCCC管理を行い、支払手形による決済も早い段階で取りやめています。さらに、会計的な安全性分析を実施した結果、極めて健全な財務体質を構築している姿も明らかになっています。理論編の具体的な事例として、第2部も読み進めて頂けると幸いです。

注

[1] 小切手と手形の違いについて追記をすると、現金化の容易さという点では、小切手は銀行に持ち込めば数日で現金化が可能なのに対して、手形は支払期日の到来まで現金化は不可能です。ただし、手形は銀行にて割引を受け、現金を手にすることができます。振出時の条件という点では、小切手は振出金額と同額以上の預金残高が求められるのに対し、手形は支払期日までに振出額以上を入金すればよいとされています。

[2] 負債と自己資本のバランスをみる他の指標として負債比率が挙げられます。自己資本に対する負債の大きさを測定するもので「負債÷自己資本×１００（％）」として求められます。D/Eレシオと呼ばれることもあります。

[3] この他に、長期的な調達資金として固定負債を加味した固定長期適合率も挙げることができます。「固定資産÷（自己資本＋固定負債）×１００（％）」として求められます。

[4] 関係特殊性の高いものへの投資を行ってしまった場合、他に転用できない資産を抱えることになるため、その弱みに付け込み、取引先が譲歩を引き出そうとする行動をとることがあります。この問題は「ホールド・アップ問題」という名で知られています。

参考文献

Besanko, D., D. Dranove, and M. Shanley [2000], *Economics of Strategy; second edition*, John Wiley & Sons, Inc.,（奥村昭博・大林厚臣監訳『戦略の経済学』、ダイヤモンド社、２００２年）

Palepu, K. G., P. M. Healy, and V. L. Vernard [2000], *Business Analysis & Valuation: Using Financial Statements Second Edition*, South-Western Educational Publishing（斎藤静樹監訳、筒井知彦、川本淳、八重倉孝、亀坂安紀子訳『企業分析入門（第２版）』、東京大学出版会、２００１年）

Williamson, O. E. [1985], *The Economic Institutions of Capitalism*, The Free Press.

乙政正太［２０１８］『財務諸表分析 第３版』同文館出版。

染谷武夫［２０１１］『ベーシック経営分析・第２版』中央経済社。

宮宇地俊岳［２０１６］「序章：分析のためのプラットフォーム（１）」（徳賀芳弘編著『京都企業―歴史と空間の産物―』中央経済社。

第2部　北大阪の元気企業の事例報告

7事例についての紹介

追手門学院大学経営学部教授　石盛　真徳

本研究プロジェクトの目的は、ビジネスモデル、企業理念、地域との連携、あるいは組織運営等がどのようにうまくマッチングして、「元気ビジネス」となっているのかを明らかにすることです。したがって、本研究の事例報告で取り上げている「元気ビジネス」とは単純に利益を上げているという観点のみで定義するものではありません。**表1**の通り、第2部の事例報告では、多くの中小・中堅企業が抱える事業性評価、事業再生、あるいは事業承継といった問題を独自の取組で解決している北大阪地域に立地する多様な業種の企業7社を調査対象として選定しました。そしてそれぞれの事例について、個人事業主としての独立開業や企業の創業、事業承継、海外進出、事業規模拡大、良好な資金サイクル形成、あるいは地域活性化に貢献などの様々な観点から「成功しているビジネス」といえるかどうかを検討し、他の地域でも参考になる経営上の工夫や仕組みを明らかにしようと試みています。また、多様な分野（経営学、マーケティング、会計学、企業法務、心理学）を専門領域とする追手門学院大学ベンチャービジネス研究所の所員が各企業の経営者を対象にインタビュー調査を実施し、提供を受けた企業情報も活用して分析を行っている点も本研究プロジェクトの特色となっています。

なお、本研究の調査は2019年度中に実施したものであるため、現在、日本のみならず世界経済に甚大な影響を与えている新型コロナウイルス感染症拡大の企業業績へのインパクト、ならびにそれに対する対応策については検討できていません。しかしながら、本研究で取り上げた各企業がどのようにバブル崩壊やリーマンショックといった大きな経済不況を乗り越えてきたのかについては検討されています。新型コロナウイルス感染症拡大の影響がどれほど長期化するのかは現時点では見通しが立たない状況ですが、これまでの危機への対応策についての本研究での研究成果は、今回の危機への対応としても役立つだろうと考えています。

表1　調査対象企業7社の特色と主たる調査担当者

企業名	業種	特色・ポイント	主たる調査担当者
ジャパン・コンサルティング・エンド・テクニカル・サービス株式会社	サービス（非破壊検査）	エックス線・超音波による非破壊検査、第三者（社員）への事業承継	石盛
近畿刃物工業株式会社	製造（刃物）	段ボール刃物に特化、特許取得	朴
中華料理テイクアウト専門店「しょうへいの焼売」	サービス（飲食）	有名ホテルの料理長が開業	村上
大徳工産株式会社	製造（金属加工）	1990年代における製造業の創業と事業展開	石盛
有限会社美乃幸	小売（精肉）	肉のスライス技術、海外事業展開	朴
株式会社ダイフジ	建設（型枠工事）	型枠工事では全国トップクラス	宮宇地
南方物産株式会社（N. T. グループ）	卸（石油化学製品等）	輸入業務、フィリピンからの介護士派遣業務	村上

1章

〈北大阪の元気企業の事例報告1〉

中小企業における親族外の事業承継
ジャパン・コンサルティング・エンド・テクニカル・サービス株式会社

追手門学院大学経営学部教授　石盛　真徳

【企業概要】

会 社 名：ジャパン・コンサルティング・エンド・テクニカル・サービス株式会社
所 在 地：大阪府大阪市淀川区
資 本 金：2，520万円
従業員数：15名（役員3名、技術部顧問2名、業務部5名、技術部2名、豊中事業所1名、営業事務2名）
設　　立：1974年（昭和49年）11月
創 業 者：岡留、及び端村（前代表取締役社長、就任期間は1988年（昭和63年）からの30年間）

業　　種：非破壊検査サービスの提供
業務内容：出張検査、持ち込み検査

1　調査の概要

2019年4月にジャパン・コンサルティング・エンド・テクニカル・サービス株式会社（以下、ジャパンCTS）の本社（**写真1**）において、代表取締役社長のA氏と専務取締役のB氏に対して1回目のヒアリング調査を約1時間実施しました（**写真2**）。また、会社パンフレット及びビジネスモデルや財務状況のわかる資料をご提供いただき、分析に活用しました。そして、2020年1月にフォローアップとして、2回目のヒアリング調査を約50分間、B氏に実施しました。

2　事業の沿革と事業承継問題

ジャパンCTSは、非破壊検査サービスを提供する企業として1974年（昭和49年）11月に設立されました。設立には2名の創業者が関わりましたが、1988年（昭和63年）からの30年間は一貫して、端村氏が代表取締役社長として経営を担いました。そして最盛期の昭和50年代には、60

写真1　右側がジャパンCTS本社の外観、
左側が豊中事業所のガンマ線照射室
（ジャパンCTS提供）
※ガンマ線照射室の写真については、情報保護のため加工しています。

写真2　ジャパンCTSの代表取締役社長のA氏（右）及び専務取締役のB氏（左）
（ジャパンCTS本社にて筆者撮影）

名の従業員を抱えるまでに事業を拡大しましたが、海外事業からの撤退などもあって事業規模を縮小させ現在の従業員数は15名となっています。なお、ここ20年程の売上高は横ばいです。30年間経営を一手に担い、株式を100%保有していた前社長の端村氏が2018年3月に逝去したことに伴って、会社の経営を誰が担い、事業を継続するのかという事業承継の問題が浮上しました。前社長は亡くなるまで1年程度入院していましたが、その間に事業承継の問題が解決されることはなかったとのことです。そこで、現役員が事業承継の問題解決のため弁護士を代理人として、当時役員でもあった前社長の親族との交渉を進めました。そして、最終的には、社長の逝去から6か月後の2018年9月に、それまでは技術職の一従業員として勤務していた現社長のA氏により、事業承継が行われました。現在、株式は代表取締役社長、専務取締役、そして常務取締役の3名の役員で分散して保有されています。A氏は事業承継にあたって、「うちの場合、45年もやってたぐらい、顧客はある程度付いてる。プラス、個々の社員の生活、ありますね。そういう面では、やらざるを得ないなっていう状況です。」と、事業承継を決断した当時の心境を振り返っています。事業環境の現状としては、顧客数の減少や大手競合他社に顧客を奪われることはあるものの、業界は比較的安定しており、価格競争になることは少なく、技術力が正当に評価される状況にあります。一方で、特に営業活動を行わずとも仕事が入っていることもあって、前社長時代には業界の付き合いに参加することがなく、他社の情報が入ってこないという問題も抱えていました。

ジャパンCTSにおける事業承継の問題が、非親族の社員による事業承継によって解決されたのは、現社長のA氏を含めた役員3名の事業継続に向けての決断が重要な前提となっています。そして、その決断をメインバンクである信用金庫が事業性評価スキームを活用して評価を行い、経営者の個人保証を付けずに長期借入金を一本化するという形で支援したことも大きく効果を発揮しました。

みずほ情報総研株式会社（2019）が2018年12月に、引退した中小企業・小規模事業者の経営者を対象に実施した調査（配布数50,000件、有効回収数4,984件）によると、事業承継の形態は、親族内承継55・4％、役員・従業員承継19・1％、社外への承継16・5％、その他9・1％でした。この調査は引退した経営者本人を調査対象としているので、当然ながら経営者の逝去に伴う事業承継のケースは含まれていませんし、また役員による承継と従業員による承継がまとめて集計されているので、ジャパンCTSのような従業員による承継のみの割合は不明ですが、役員・従業員承継という形態は2割程度と一定数存在することがわかります。さらに同調査の「引退を決断してから引退までの期間」に関する調査結果によると、役員・従業員による引継形態で、1年未満が32・1％、1年以上3年未満が37・7％、3年以上5年未満が20・6％でした。ジャパンCTSのようなまったく準備期間のない事業承継は極端なケースといえますが、3割程度では1年未満と、時間的にそれほど余裕があるわけではない事業承継が行われていることがうかがえます。

中小企業の債務を経営者個人が保証するという経営者保障に関しては、かねてより、経営者による思い切った事業展開や早期の事業再生等を阻害する要因となっているなどの問題が指摘されてきましたが、その問題に対する対策として、２０１４年より中小企業庁の「経営者保証に関するガイドライン（中小企業庁、２０１４）」の適用が開始されています。その「経営者保証に関するガイドライン」では、経営者の個人保証について、（1）法人と個人が明確に分離されている場合などに、経営者の個人保証を求めないこと、（2）多額の個人保証を行っていても、早期に事業再生や廃業を決断した際に一定の生活費等（従来の自由財産99万円に加え、年齢等に応じて１００万円～３６０万円）を残すことや、「華美でない」自宅に住み続けられることなどを検討すること、（3）保証債務の履行時に返済しきれない債務残額は原則として免除すること、などを定めることにより、経営者保証の弊害を解消し、経営者による思い切った事業展開や、早期事業再生等を応援すると定められています。

経営者による個人保証は事業展開や早期の事業再生等におけるのと同様に、事業承継時においても、後継者候補確保の大きな障害となっていることが指摘されています。中小企業庁金融課（２０２０）の報告書によれば、70歳以上の経営者の約半分が「後継者未定」としていますが、その理由として77・3%が「後継者候補がいない」を、22・7%が「後継者候補はいるが承継を拒否」をあげています。そして後継者候補が、事業承継を拒否している理由については、59・8%が「個人保証を理由に承継を拒否」と回答しています。この問題に対しても、金融機関と中小企業者の双方の取組を促す、総合的な対策の実施が開始されていますが、金融庁「経営者保証に関するガイドラインの活用実績」によれば、事業承継時に金融機関が自ら経営者保証を解除しているのは、約10%とかなり低い割合にとどまっています（中小企業庁金融課、2020）。

そのような状況において、ジャパンCTSの事業承継では、メインバンクである信用金庫の事業性評価スキームの活用により、経営者の個人保証を付けずに借入金の一本化が実現されました。信用金庫の担当者によると、「（ジャパンCTSは）やっぱり、技術力もあって、業歴もあって、お客さんも、社長の話にありましたけど、しっかりいらっしゃるということ。一応、チェックリスト的なことがありますんで、全てはまっていらっしゃいましたんで、『それでしたら、ぜひ』ということになったんです。」と信用金庫側から積極的な提案を行ったとのことでした。金融庁（2019）では、2020年4月より、経営者保証がネックで事業承継に課題を抱える中小企業を対象に、経営者保証コーディネーターによる支援を行う「事業承継時の経営者保証解除に向けた支援スキーム」を実施する予定です（中小企業庁金融課、2020）が、ジャパンCTSの事業承継では、地域金融機関である信用金庫が経営者保証解除をそれよりも1年半以上先取りして実現しており、先進的な事例と評価できるでしょう。

3　経営に対する理念・ビジョン・考え方

経営に対して現社長のA氏は「現時点で、今は、もう会社を建て直して、軌道に乗せなくちゃいけない。そのためには、人も雇わなあかん、技術も継承せな。それでいっぱいです。」と語っているように、技術職の一社員であったご本人が2018年9月に事業承継してから、1年も経過していない段階では、会社の立て直しで精一杯との認識を示していました。経理面で経営を支える専務取締役のB氏は、「もう、繰欠（繰越欠損金）は、いくら消そうかな思って。（赤字続きだった第2事業所の閉鎖に伴う）繰欠があるんです。半分消したいんです、今期。次でもう一回。私、社長に言っとるんです。あと2年、頑張らせてください。」と、中期的・財政的な見通しを語っていました。なお、1回目のヒアリング調査から、9か月経過した2回目のヒアリング調査では、予定を上回るペースで繰越欠損金を解消できているとのことでした。そして、繰越欠損金の解消の目途がついたので、今後は、老朽化している検査設備の更新費用の捻出が経理上の大きな課題であるとの認識が示されました。

4 事業の強みと弱み

営業品目の非破壊検査とは「物を壊さないで、その内部のあってはならない傷や劣化の状況を検出する技術（ジャパンCTSの会社パンフレットより引用）」で、ジャパンCTSでは、放射線透過試験、超音波探傷試験、磁粉探傷試験、浸透探傷試験という4種類の非破壊検査サービスが提供されています。なお日本非破壊検査工業会（2012）の「非破壊検査の手法」によれば、各検査方法の原理と主な適用範囲・測定対象は下記の通りとなっています。

・放射線透過試験
放射線が透過する際、内部の傷と健全部にフィルムの濃淡差が生じることにより内部の傷を検出する方法。適用範囲は圧力容器、橋梁、パイプライン、船舶、木材、コンクリート、文化財です。
・超音波探傷試験
超音波を材料中に伝播させると、健全部では音波は全透過しますが、傷や空洞があると音波の一部が反射され、傷の位置や大きさが判断できます。適用範囲は、あらゆる金属溶接部、材料肉厚測定、電子部品検査などです。
・磁粉探傷試験
磁束を試験体中に発生させ、表層部の傷から空間に漏洩する磁束に磁粉（鉄粉）を吸着させることで、表層部の傷が識別できます。測定対象は、強磁性体（磁石に付くもの）に限定され、ボイラ、パイプライン、原動機、発電プラント等が該当します。
・浸透探傷試験
試験体表面に開口している傷の中にしみこんだ浸透液に現像剤を吹き付け、毛細管現象を利用して指示模様を形成させ、傷を識別します。なお検出できるのは開口傷だけとなります。測定対象は、ボイラ、パイプライン、原動機、発電プラント等です。

ジャパンＣＴＳでは大別すると、出張検査と持ち込み検査という２種類の検査サービスを提供しています。出張先で検査作業を行う出張検査の売上高が多くを占めており、８名体制で業務を行っています。出張検査の特徴としては、移動が困難な大規模な検査対象についても検査対象とすることができることです。ジャパンＣＴＳでは主に大阪府内を出張検査の対象としています。出張検査の業務については、今後伸びる要素もありますが受注に波もあります。もう一方の持ち込み検査では、顧客が試験対象を豊中事業所に持ち込んで実施するため、小規模検査のみとなります。持ち込み検査は２名体制で実施されています。顧客は豊中事業所近辺の固定客が中心です。持ち込み検査は小規模検査のみとなるため単価が低く、その売上が全体に占める割合は低いものの安定需要となっています。

ジャパンＣＴＳの強みは何といっても非破壊検査に関する高い技術が存在することで、それに加えて、持ち込み検査場所があることから、安定的な需要のある小さな仕事にも対応できることです。また、現社長は経営に対するモチベーションが高く、工業会の集まりなどにも積極的に参加し、情報収集に努めていることもあげられます。現社長が「われわれは、いろんな非破壊の企業と会いますやん、会合とかで。やっぱ、うちの方が安い。当然、今言うたように、持ち込みになればお客さんが持ってくるから、その費用も省いてきます。だから、単価は落ちます。それに、あまり力を特化しとったから、自分の首締めるのと一緒ですから。先の経営の能力というか、（前社長は）夢ばっかり見てた。『いずれ、仕事も多なる。』その時代を、経験してるから。」と語っているように、前経営者の方針が時代に合わなくなっていたことを反省し、現在の経営に取り組んでいるとのことです。この問題は、10年以上赤字続きながら業績回復を期待し放置されていた第2事業所を、現社長が事業承継後に繰越欠損金を出して閉鎖したことにも示されています。ジャパンCTSの弱みは、まず、人材が高齢化していること、強みである高度な技術が個人技として属人化しており、若手に継承できていないことです。この問題については、次節において詳しく検討します。

5　人材の採用・育成の取り組み

人材の採用に関しては、「採用のベストは若い。ほんで、うちみたいな技術職は、ある程度勉学をやった経験がないと後で苦労するから。ほとんどうちは大卒ばかりです。そりゃ、高卒でも努力次第では免許とか取れるから、それは可能なんやけど。それ、採用する側やったら分かりませんやん。だから、取りあえずの選抜の作業としたら、若いのと人間性と勉学の前向きな考え方かな。それぐらいしか選択肢はないな。」と述べています。

主力の技術者の年齢が60代であり、全体的に技術者の高齢化が進んでいて、近い将来に技術力が低下する懸念があります。これに関しては、1回目のヒアリング調査時点で、20代技術職社員1名を採用し、その他の若手従業員に対しても、ブラザー制度をとり3年程度での技術継承を目指しているとのことでした。なお非破壊検査の機械のデジタル化と軽量化は進行していますが、検査内容は昔と変わらないとのことです。

非破壊検査に関する高い技術が存在することを一番の強みとするジャパンCTSにおける人材育成の取組としては、技術職のスキルアップが重要となります。一般社団法人日本非破壊検査協会では、非破壊試験技術者の資格証明書を、数字が大きくなるほど技術レベルが高くなる、レベル1からレベル3までの3段階に区分けして適格性を認証しています。そこでは、レベル1の技術者は、非破壊検査指示書に従って、レベル2又はレベル3技術者の監督のもとで、非破壊検査作業を実施する以下の能力を有するものと規定されていて、非破壊検査機器の調整や非破壊検査の実施などを担うことができるレベルの能力とされています。レベル2の技術者は、確立されている、または認可されている非破壊検査手順書に従って非破壊検査作業を実施したり、指示する能力を有するものと規定されていて、具体的には、非破壊検査方法の適用限界の判断や作業の実施及び監督などができるレベルとされています。そして、レベル3の技術者は、非破壊検査に精通し、すべての非破壊検査作業を実施することができ、非破壊検査設備と職員についての管理及び責任や、より下の技術者を訓練及び指導するなどの指示する能力を有するものと規定されています。現在、ジャパンCTSでは、資格取得支援制度を整備し、資格手当を支給して、従業員の資格取得を推奨しています。資格取得に関して、現社長は「個人の技術の免許証やから。それが、だんだん退職したりとか、お客さんのニーズに合わせる持ち駒っていうのが少なくなってきてる。全部、持ってる方っていうのは。どうしても、一人、二人に集中してしまう。お客さんは『来て欲しい』、でも、『行かれない』っていう場面が多々あります。」と語り、顧客からの注文に対応するために、少しでも幅広い業務に対応可能な人材育成が必要との認識を示しています。

2回目のヒアリング調査で、その後の人材採用・育成の取組について尋ねると、技術職のベテラン社員と新規に採用した40代の社員が退職し、その代わりに、解散した他社から40代と50代の有資格者が1名ずつ入社し、即戦力として活躍しているとのことでした。1回目の調査で話に出ていた20代の社員は、資格を1つ取得するなど、順調に育成が進められていました。ただし、仕事の依頼が増える中、元は技術職であった現社長が現場で仕事に従事していて、「あと1名か2名は（技術職の従業員が）足りない」という状況とのことです。また今後は、70代の顧問が担当し、売り上げの多くを占めているアメリカ機械学会のASME規格に基づく、非破壊検査業務を引き継ぐ人材の育成が必要とされます。しかしながら、この検査業務を担当するためには、英語の能力を前提とするアメリカ非破壊検査協会に認定された資格の取得が必要で、早期に育成できる目途はついていないとのことです。

6　後継者の育成・事業承継について

現社長及び役員は、前社長の逝去に伴い事業承継の問題を解決するために、急遽経営を担うこととなったわけですが、それぞれの年齢的な問題もあり、長期的に経営を担う意思は持っていないとのことです。後継者の育成・事業承継について尋ねると、「大きな売上の業務を担っている社員がいて、その社員から『0からなら（事業承継を）受けます』という話は聞いている。0からなら仕事があるので個人保証もなければ引き受けることはできる。ゆくゆくは本社に引き上げてということを社長とも話をしている。古い人間はそのように持っていかなあかん。」との認識が示されました。次世代への事業承継においても、経営者による個人保証が解消されているという状態が引き継がれることは重要といえます。

7　まとめ

ジャパンCTSは先代の経営者の逝去に伴う事業継続の危機を、非破壊検査における高い技術と長年積み上げた顧客からの信用をベースにして、金融機関から個人保証なしの借入金の一本化というスキームで支援を受けて乗り越えました。まだ借入金は多く、自己資本比率も低いレベルにとどまっていて、今後は旧式化した検査用の設備更新も必要となります。しかしながら、現社長のもと、若い人材の採用も少しずつ行い、技術継承の問題も解決しようと試みています。既存顧客からの紹介を促進し、売上高の維持・拡大が図れれば安定的に事業を持続していく道筋はつきつつある段階といえます。

謝辞：調査に際しては、ジャパンCTSの代表取締役社長であるA氏と専務取締役であるB氏にヒアリング調査及び資料提供において全面的な協力を得ました。また、メインバンクの信用金庫にも顧客企業であるジャパンCTSをご紹介いただき、調査日程の調整等で協力を得ました。ここに感謝いたします。

引用文献

中小企業庁（２０１４）「経営者保証に関するガイドライン」が2月1日より適用開始します
https://www.chusho.meti.go.jp/kinyu/2014/140130keiei.htm（２０２０年4月2日閲覧）

中小企業庁金融課（２０２０）事業承継時の経営者保証解除に向けた総合的な対策について
https://www.chusho.meti.go.jp/kinyu/hosyoukaijo/2020/200204kaijo02.pdf（２０２０年4月2日閲覧）

一般社団法人日本非破壊検査協会（２００８）非破壊試験技術者の資格証明書とは
http://www.jsndi.jp/qualification/index/oshirase/shikakusyoutoha200801.htm（２０２０年4月2日閲覧）

金融庁（２０１９）民間金融機関における「経営者保証に関するガイドライン」の活用実績（平成31年4月～令和元年9月末）
https://www.fsa.go.jp/news/r1/ginkou/20191225-01.pdf（２０２０年4月2日閲覧）

みずほ情報総研株式会社（２０１９）平成30年度中小企業・小規模事業者の次世代への承継及び経営者の引退に関する調査に係る委託事業報告書
https://www.meti.go.jp/meti_lib/report/H30FY/000273.pdf（２０２０年4月2日閲覧）

社団法人日本非破壊検査工業会（２０１２）非破壊検査の手法

2章

〈北大阪の元気企業の事例報告2〉

1990年代における製造業の創業と事業展開

大徳工産株式会社

追手門学院大学経営学部教授　石盛　真徳

【企業概要】

会 社 名：大徳工産株式会社
業　　種：金属加工
代 表 者：代表取締役　吉岡永宏
従業員数：26名
所 在 地：大阪府茨木市1－2－30
設　　立：1996年（平成8年）3月
資 本 金：1，000万円
業務内容：各種鋼板・ステンレス・アルミの切断・レーザー加工・各種溶接
主要取引先：産業機械メーカー・消防車両メーカー
創 業 者：吉岡永宏

1　調査の概要

２０１９年10月と２０２１年2月に、大徳工産株式会社（以下、大徳工産）本社において、代表取締役の吉岡永宏氏に対してヒアリング調査を合計約2時間実施し、創業の経緯、ビジネスモデル、および財務状況について説明いただき本稿での分析に活用しました。

2　事業の沿革

大徳工産は、１９９６年（平成8年）3月に現在も代表取締役を務めている吉岡永宏氏（**写真1**）によって設立された金属加工業を業務内容とする会社です。創業時には、シャーリング（板金素材をせん断する機械）2台、プレスブレーキ（金属板の曲げ加工をするためのプレス機械）1台、コーピングの設備（金属の切断や部材の溶接位置を示すマーキングをする機械）を導入し創業しました。現在の資本金は1，０００万円、従業員26名となっています。

3　大学進学から創業まで

吉岡氏は鹿児島県徳之島町出身で、大阪工業大学の夜間の二部（機械工学）への進学を機に大阪に移り住みました。父親としては4人きょうだいで末っ子の吉岡氏には徳之島に残って欲しいという意向だったとのことでしたが、吉岡氏自身が「ちょっと一遍、都会に出たい」という希望を持っていたことから、大阪の大学への進学を決めたということです。大阪工業大学で専攻したのは機械工学でしたが、金属加工については、「ああ、こういう機械、あったなっていうのを覚えてるぐらいで」と、大学で機械工学を学んだことが直ちにその後の金属加工会社の操業に結び付いたというわけではなかったといいます。吉岡氏の金属加工の仕事との出会いは、「同級生の親戚がやってる会社が、今の会社の前身みたいな会社やったんです。シャーリングとか、要は、鉄板を切断して、曲げるっていうだけの仕事やったんですけど。そこで働かせてもらって、昼間、バイトして、夜、学校という形で、ずっとやって。」との説明のように、大学在学中のアルバイトがきっかけだったとのことです。その時点ではあくまで学生アルバイトとしての勤務でしたが、その後、大学卒業後の進路について考える時期に、「卒業間近になって、一応、僕も、ずっと親父のことが気になったんで、いずれ田舎に帰るんやったら、今の仕事を続けて、4、5年したら帰ったらええかっていう、軽い気持ちやったですわ。」という判断で、その

写真1　創業者・現経営者の吉岡永宏氏
（大徳工産本社にて筆者撮影）

ままアルバイト先の会社に就職しました。しかし、結果的にはその会社に11、12年ぐらい勤務することになりました。そして、自分が徳之島に戻ることについては、その間に父親も諦めたのだろう、と吉岡氏は推察しています。

吉岡氏は30歳のときにそれまで勤務していた金属加工会社から独立して大徳工産を創業しました。勤務先からの独立の経緯について吉岡氏は、「その当時の社長のやり方が、どうも『これやっても、うまくいかんはずやで』っていうのがあったんですけど、やっぱりその社長は『この機械、欲しい』ってなったら、すぐボーンって買うっていうタイプの人やって。そのへんから、ちょっとうまくいかなくなって。それやったら、もう、自分でちょっとやってみようかということになって。それで、独立しようという経緯にいたった。」と語っています。つまり、金属加工業で10年以上の現場経験を積み、自分のやりたいことをするには独立するのがよい、ということで大徳工産の創業を決断したとのことです。独立に際しての資金調達等の準備については、「そのときは、そこまで大きくは考えてなかったのか、無知やったと思うんですけども。平成8年（1996年）ですから、その2年ぐらい前から、ちょっとずつ作業を進めていって。機械のメーカーの方とも、何回か打ち合わせさせてもらったりとか、いろんなこととして。取りあえず工場を探すのと、機械を入れなあかんっていうのと。どうしても僕らの作業って、絶対、設備投資が先行してしまうんで。それがないとできないっていう仕事でもあるんで。」と作業を進めたといいます。そして、「その当時で総額、機械4台で8，000万円やったんですけども、月に95~96万円ぐらいのリース契約で7年でしたかね。オッケーもらって、それはそれで一段落。こっちもほっとして。」と設備投資については目途がついたとのことです。ただし創業することについて、「周りからは、反対されましたよ。バブルがはじけて、中小企業も、みんな景気悪いっていう時期に、『何で、今の時期やねん』みたいなんは、よういわれました。そのときは職人で、周りの状況……、『バブルが終わった』ぐらいは分かるんですけど、景気がどうのこうのとか、全然、考えもしてなかったですし。」と、周囲の反対にあったとのことです。吉岡氏が大徳工産を創業した1996年は、6月26日に日経平均株価がバブル崩壊後の戻り高値（2万2，666円）を記録した年でした。その株価回復の背景には、政府・日本銀行が追加的な景気対策をとる中で、1995年後半から徐々に景気回復の足取りがしっかりしてきたという経済状況がありました。特に、設備投資は、製造業大企業（パソコン関連等）や規制緩和が進められた通信事業（携帯電話、PHSなど）等で活発化し、最終的に1996年には、政府の公共投資に加え、設備投資、個人消費、在庫投資、住宅投資と民需の好調が景気を強く押し上げ、5％という高い成長率が実現されるにいたりました（白塚・田口・森、2000）。大阪府の金属製品産業における1990年から2010年の労働生産性の推移をまとめた結果（経済産業省、2015）においても、全事業所の平均は、バブル経済時の1991年に1，191万円／人というピークを迎えて以降低下傾向にあったのが、1996年と1997年には一旦持ち直していきます。特に、1996年に参入した事業所（創業だけではなく、既存企業の新規事業所も含む）では、1996年の労働生産性が1，282万円／人と全体平均のピーク時を上回る値となっています。これはビジネスチャンスをとらえて、新規に参集した事業所では、新しい設備で効率的な生産が行われていたためと考えられます。このように大徳工産の創業が１９９６年だったことは、バブル崩壊後の景気回復の兆しの波に乗ることができる絶好の機会をとらえていたといえます。もちろん吉岡氏はそのような景気回復を実感していたから創業したわけではなくて、結果的に巡りあわせがよかったということです。

会社創業時の吉岡氏の年齢は30歳で、比較的若い時期での創業でした。２０１０年度の年次経済財政報告（内閣府、２０１１）を参照すると、開業者の平均年齢は２０００年で平均41・6歳、２００５年で平均43・0歳となっています。残念ながら１９９６年時点のデータは確認できませんが、吉岡氏の創業時の年齢30歳は、２０００年と２００５年の開業者の平均年齢よりも10歳程度低く、やはり若い時点での創業であったといえます。ただし、２０００年と２００５年のいずれにおいても、30代の開業者の割合が3割以上、20代の開業者の割合も1割程度となっていて、例外的に若い創業であったとまではいえません。しかし、これは全業種における開業者の年齢別割合です。製造業に限った開業者の平均年齢は不明ですが、多額の設備投資の必要な製造業では、40代以上の開業者がより多くを占めているということも十分に考えられます。

さて、日本の全業種における開業率・廃業率は、国際的に比較するといずれも相当低い水準にありますが、２０００年代を通じて緩やかな上昇傾向で推移し２０１７年には5・6％となっていて、２０１０年以降は低下傾向にある廃業率を一貫して上回るようになっています。開業率の上昇傾向

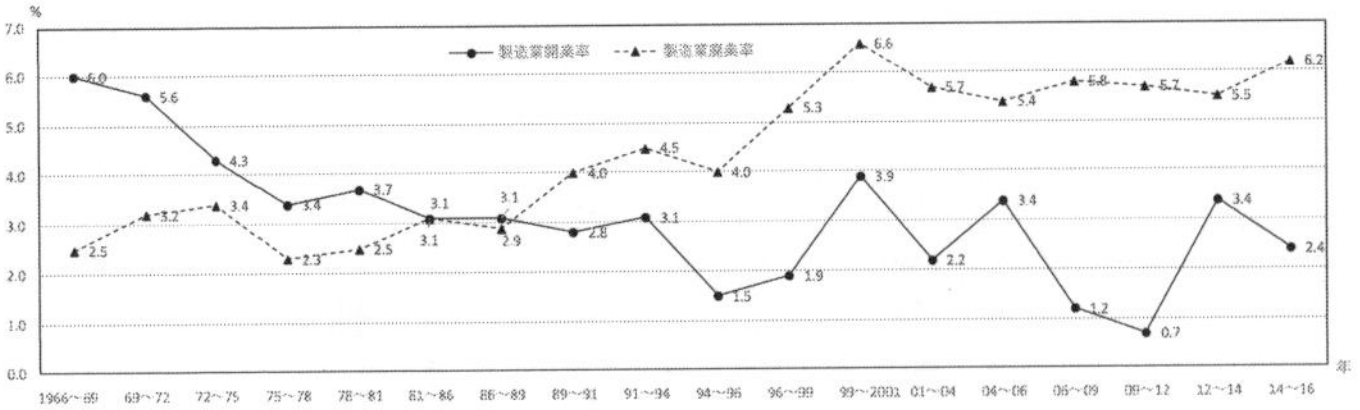

図1　製造業の開業率と廃業率の推移
（中小企業庁（2019）の統計資料より筆者作成）

には、事業所数の多い建設業や、開業率・外業率ともに高い宿泊業、飲食サービス業が押し上げの効果を及ぼしているのに対し、全業種で最も開業率の低い製造業が押し下げの影響を与えています（中小企業庁、2019）。製造業では、**図1**の通り1980年代後半以降、一貫して廃業率が開業率を数パーセント上回っている状況が継続しています。大徳工産が創業された1996年が含まれる期間の製造業の開業率は、1%台と極めて低調でした。

開業にあたっての資金調達等の準備は順調に進めることのできた吉岡氏でしたが、実際に工場の操業開始に際して大きなトラブルに見舞われています。それは工場用地の隣接地の用途変更に伴うトラブルでした。吉岡氏は創業に向けて、不動産業者から「いい物件」として紹介された工場用地の賃貸契約を結び、かなりの重さになる加工機械の設置にも耐えられるように工場の基礎工事を行い、そして実際に機械を搬入し、仕事を始めたのが、1996年の4月20日土曜日でした。ちなみに、この創業日は、大安で日がよいということで選ばれたとのことです。ところが、「現場は僕も入れて5人と事務の1人で、4月20日土曜日にスタートして、日曜日やって、月曜日ですわ。月曜日の朝に、摂津市役所の方から環境何とか課っていうのが3～4人来られて。要は、近隣からの苦情が出てると。工場の周り。僕はそのとき初めて知ったんです。騒音とか振動の測定する機械を、正面とか側面、後ろ、周り、全部測定されて、『全部、違反や。超えてる』と。」というように、創業後3日目にして行政からの指導が入りました。具体的には、小さな川を挟んだ隣接地の用途指定が数年前に準工業地域から第二種住居地域に変更されたことに伴い、工場から出る騒音や振動が基準値を超えていることに加え、そもそも工場の操業に必要なキュービクル式高圧受変電設備の設置自体が違反となっているとの指摘を受けたのでした。そのときの心境について吉岡氏は、「もう、終わったたって思った。普通、そんなんいわれた状態で、もう引っ越す費用もなければ、何もないんで。実際、従業員4人、付いてきてもらって、終わったかとか思うて、もう、どうしようかなというのと。もうびっくり通り越して唖然っていうか、なんていうか……。」というものでした。もちろん、工場用地としてそのような規制のかかった用地を仲介した不動産業者に問題があったわけです。そのため、吉岡氏が相談した業界団体からの指導を受けた不動産業者が仲介ミスを認め、代替物件の確保に迅速に動き、最終的には運送業者が使用していた用地を借りることができることになりました。そして「一発目（の工場）が家賃、120万円やったんですけど、高かったんです、広すぎて。2回目に借りた所はちょうど探してた大きさで、家賃も90万円やったか80万円やったかな、下がった。」と、賃貸物件としての条件的にもより望ましいものとなり、禍を転じて福と為すという結果となったのでした。

4　創業後の仕事

創業当時の仕事については、「実際、創業したら、倒産した会社（元の勤務先の会社）が摂津や枚方にもあったんですけど、その摂津の営業が枚方にも声かけてくれて、結構、来るようにはなってたんです。」と振り返っています。また、「あの当時は、みんな若いですし、毎日9時ぐらいまでやったんちゃいますか。土曜日も9時とか、そこまでやったんです。もう、祭日とか日曜ぐらいしか、休みない状態で。」と若さゆえにがむしゃらに仕事に取り組んだ、とのことです。

産業連関表に基づき関西経済の産業構造を検討した入江（２０１７）によると、地域内における当該産業の構成比を全国の当該産業の構成比で割って計算される特化係数（1を超えていれば全国平均に比べてその産業に特化していることを示す指標）において、大阪府で最も高い値となっている産業は商業の1・64ですが、それに続くのは金属製品の1・54となっています。大阪府には、近隣の府県からも買い物客が訪れる吸引力のある多数の大型商業施設が立地しており、産業構造全体としては、２０１１年時点で第三次産業の占める割合が72・1%とかなり高くなっているのに対し、第二次産業の割合は27・8%にとどまっていて（入江、２０１７）、商業都市の性格が最も強いといえます。しかしながら、その商業都市という看板の陰に隠れながらも、製造業、とりわけ金属製品を多く出荷している都市という側面も有しているといえます。経済産業省（２０１５）の２０１２年度の製造業の付加価値構成比をみると、大阪府の金属製品製造業は11%の割合となっていて、全国平均の6％を大きく上回っています。大阪府の付加価値構成比で、金属製品製造業を上回っているのは、化学工業の19％（全国平均11％）だけとなっています。これらの統計値から、大阪府においては製造業、とりわけ金属製品産業が集積しており、一定の産業クラスターを構成していることが分かります。大徳工産の立地する茨木市単体でみると、2012年の製造業の従業員数の特化係数は0・63と1を下回る値となっていて（茨木市、2016）、集積度は高くないといえます。しかしながら、大阪産業リサーチセンター（2016）が地域メッシュ統計を用いて大阪府の産業集積の状況をマッピングした結果によると、金属製品製造業は高密度の集積が広範囲にみられるという特徴を持っています。大阪全体でみると、特に、東成区、生野区、平野区から東大阪市の東部広域にかけての地域に円状に集積しているのですが、北大阪地域の大徳工産の立地する茨木市南部、摂津市、高槻市南部、および、それらの地域に隣接する東大阪地域の枚方市、寝屋川市、守口市という隣接する地域にまたがっても一定の集積がみられます（大阪産業リサーチセンター、2016）。東海地域と関西地域の産業クラスターの比較分析を行った多和団・塚田（2013）は、東海地域が自動車産業を中心とし、その周りに関連産業が存在している産業構造を持っているため、タテのつながりが強くなっているのに対して、関西は電気機械産業や一般機械産業などが同じような規模で並立しておりその結果同業他社とのつながりが強くなっていることを指摘していますが、金属産業でもその特徴が当てはまると考えられます。実際、吉岡氏の語りにも出てくるように、大徳工産も近隣の摂津市、寝屋川市、枚方市などに立地する同業他社や関連業者との協力関係を持ち、生産を行っています。ただし、操業開始時点での業務内容は、「シャーリングでガチャンって切って、プレスで曲げるっていうだけの仕事」と吉岡氏が語るように、比較的単純な金属加工をこなすものでした。

5　3年目の危機

これまでみたように操業開始時のトラブル以外は順調に船出した大徳工産でしたが、創業から2年半が経過した1998年10月に、大口の取引先の破産のあおりを受け、1，500万円の手形の不渡り発生という大きな危機に見舞われました。当時の状況について吉岡氏は、「ちょうどマイナスからゼロの、ちょうどスタートラインやと。これからちょっと頑張って稼いで、トラックなり、何なり買い換えたりしていこかみたいな感じで、ちょうど思うてた時期やったんです。」と、創業時の設備投資をある程度回収した段階での危機だったと振り返っています。そのような危機に対して、吉岡氏は中小企業保証制度の利用で乗り切ったということです。当時の対応について、「『国が中小企業、助けなあかん』ちゅうことで。けったいな話、うちの嫁が保証人でも500万円とか借入ができた。何か、あったんですわ。それで、何とか1，500万円を用立てて、買い戻して、それからまたマイナスからずっとスタートして。」と述べています。吉岡氏が利用した中小企業に対する融資保証制度は、1998年8月に閣議決定された「中小企業等貸し渋り対策大綱（首相官邸、

1998)」に基づくものでした。「中小企業等貸し渋り対策大綱」は、バブル経済が崩壊して景気が低迷する中で、1997年秋以降大手金融機関が相次いで破綻し民間金融機関を対象に早期是正措置制度が導入され、不良債権に対する適正な引当金の計上が求められるなどしたことにより、一部の金融機関が自己資本比率の低下に陥るなどした結果、多くの金融機関で企業に対する貸付けが慎重になり、これが主として中小企業を中心としたいわゆる「貸し渋り」問題となって、日本経済全体にとって深刻な影響を与える事態に対する政策対応として実施されたものでした（会計検査院、1999)。制度を利用した保証承諾の状況について、会計検査院（1999）は、制度創設から1999年7月末までの累計は90万件、16兆4，086億円となっていると報告していますが、吉岡氏が利用した分もこの中に含まれています。そして会計検査院（1999）は、政府が確保した20兆円の保証枠は2000年3月の取扱期限を待たずに全額が利用される見込みとなっていて、また、民間調査機関の調査によれば、特別保証制度が創設された1998年度下期の企業倒産件数は対前年同期に比べて減少していることなどから、特別保証制度は中小企業者の事業資金の融通の円滑化に効果があったと推測されるとの所見を示しています。大徳工産もタイミングよく利用できたことで、1，500万円の手形の不渡り発生という大きな危機を乗り越えることができました。

バブル崩壊後の中小企業庁（2006）が中小企業白書でまとめている会社事業所の開業後の経過年数と事業所の生存率を示したものが**図2**です。これを参照すると、事業所では生存率は3～4年で安定し、かつ安定した後の生存率は前年比90％程度の水準を保つ様子が確認できます。大徳工

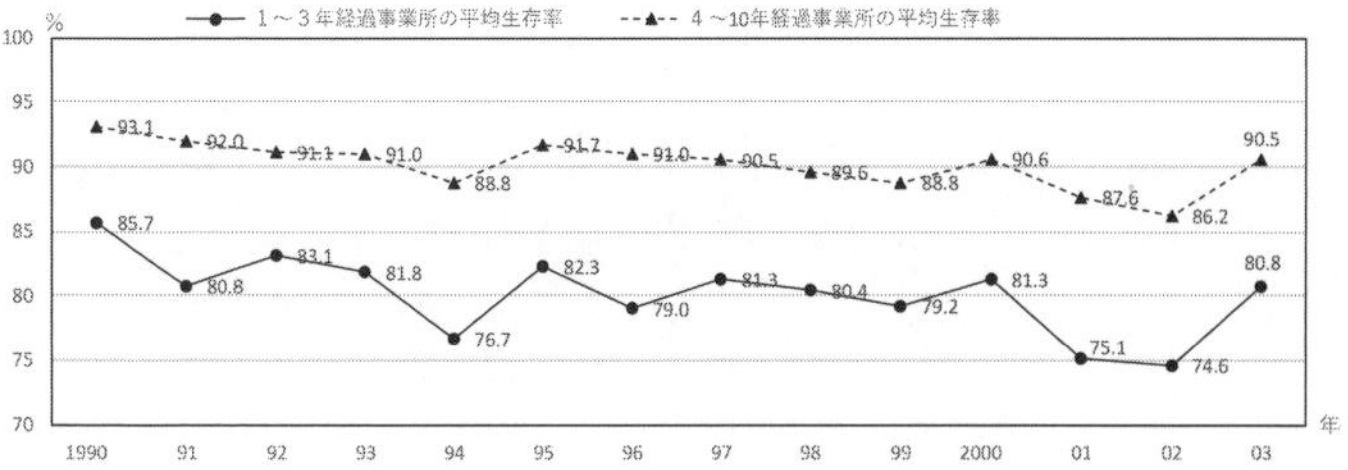

図2　開業後の経過年数と事業所の生存率
（中小企業庁、2006より作成）

産の創業年である１９９６年開業の事業所の１～3年後の平均生存率は79・０%となっています。奇しくも3年目に危機を迎えた大徳工産でしたが、その後は中小企業としての資金繰りには苦労しつつも事業基盤を固めていくこととなります。

6　設備投資と業務の拡大

創業3年目の１９９８年危機を乗り切った大徳工産では、大規模な設備投資を行い、２００１年9月にレーザー工場をオープンさせ、売上げも増加させるとともに利益率の改善を図っていきました。その設備投資の決断について、吉岡氏は「その当時も、実際、やり繰りっちゅうのは、非常にしんどかったんですけど。でも、そういう最新の機械入れるっちゅうことで、プラスになるやろうし。レーザーで切った製品と、曲げてプレスする機械とで組み合わせると、ものすごく利益率がよくなるんです。」と意図について説明しています。そして実際に「それで、半年ぐらいですかね。そんなにめざましいあれはなかったですけど、半年後ぐらいから一気にバーンって、仕事も売上げも増えて。」と売上げ増加につなげることができたそうです。そして、「自動電源遮断みたいなのをセットしたら、もう電源も勝手に落ちるんです5時以降って。今、『(操業時間は午後の)7時まで』っていってるんですけど、その残業代も要らないし、夜中、勝手に切ってくれるわけです。そのへんのメリットっちゅうのは、ものすごいあります、機械の。」と省力化のメリットについて語っています。さらに2003年11月には、取引先である高浜鉄工を吸収合併することで、レーザー加工に加えて溶接の技術を導入し、さらなる付加価値をつけることと省力化を実現させ、業績は順調に推移していくこととなりました。吸収合併の経緯は、「2003年度でしたかね、高浜工場、取引先やったんですけど。高浜鉄工を吸収しました。例えば、2人ぐらいでやってる鉄工所さんとか、ありますよね、溶接してる。そこの会社が、僕らみたいなとこに、こういう加工もんを依頼して、1枚の原板から切って、曲げたりしてできたやつ、そういうとこに収めたら、今度はそこが溶接とかして、最終、仕上げるというか、組み立てていくような仕事なんです。そこの高浜鉄工も、もろそういう感じの仕事やって。溶接とか、そういうのがメインの会社やったんで。また、それもプラス、うちの延長線上の仕事になるので。そこの社長も年やって、いきなり来て、『おまえ、うちの会社、もう面倒見てくれ』とかって、いきなり言ってきて。」というように、先方の経営者からの突然の打診によるものでした。そのような突然の打診に対して、吉岡氏は「『レーザー工場とシャーリングと2カ所あって、もう1個、茨木に3カ所まで、よう面倒、見いひんわ』いうて、断ったんです。」と一旦は断ったとのことです。その背景には、「職人さんもちょっと年配で、やっぱり頑固な職人で。若造が行ってどうのこうの偉そうにいえるあれでもないし。」という判断もあったそうです。しかしその後、「その社長も、やっぱり悩んではったんかで、ちょっと吐血して倒れて入院しはったんです。ほんで、しばらく入院してて、退院してきて、こっちもエイヤですわ。『もう、分かった、分かった。面倒見るわ』」という成り行きの中で、吸収合併することになりました。その結果として、翌年の売上げは、1億8，000万円ぐらい伸びる結果となりました。売上げ増の背景には、「ただ単に切って曲げて、レーザー入れて曲げたのと、さらにそこに溶接、付加価値がどんどん、どんどん付いていって。」と他の中小の金属加工会社では実現できない一貫生産による高付加価値化が実現できたことが大きいといえます。また業務拡大の一方で、「正直、（工場が）3カ所あったときに、管理の難しさというか、大変やったんです。やたらめったら人を増やしても、どうなんかなとか思ったり。売上げ上がっても、中身が付いて来えへんかったら意味ないなとか、いろいろ考えて。ここ（現在の本社）に2004年の5月に引っ越してきたんですけど、摂津、2カ所をまとめて。それだけは、全然、やっぱり違いますし。目に見えて、経費は浮きますし。」と工場集約による管理コストの削減も図ったとのことです。

7　リーマンショックの業績への影響

高浜鉄工を吸収合併した2003年度以降、2008年の9月のリーマンショックの影響までは、吉岡氏自身が「結構、順調に来てて天狗になってたんですけど。」と語るように5億7，700万円という過去最高の売上げを達成し、業績を拡大していました。しかしながら、リーマンショックの翌年となる2009年の売上げは、約60％の3億3，000万円まで急落しました。その急激な業績の悪化に対して、吉岡氏は金融機関からの借入返済計画を見直すことで対応しました。具体的には、「3行から、借入してたんですけど、お願いしに行ってストップして、2年間、利息だけ支払いさせてもらって。3年目から、なんぼか、50やったら50万円で、案分で割って計算していって。半年ごとに、ちょっとずつ、ちょっとずつ（返済額を）増やしていって。ずっとそれでやっていったんですけど。」という状況でした。ただ「それでも、やっぱり2009年以降の決算っていうのは、もうボロボロで。もう、毎年、赤字がふくれあがって。もちろん、あんなん債務超過もええとこで。最高で9，700～9，800万円ぐらいは、いってたと思うんです。」と危機的な状況は続いていたそうです。その状況について、「その間、どないしてやってたんかなって、自分でも今、不思議に思うんですけど。取引もないですし。売上げで上げた金を、回し回しでやってきたんですけど。」と記憶が定かでないほど大変な状況であったといいますが、「2014年度、2015年度と、ちょっとずつ利益がプラスになっていったんです。」と業績が回復し、「2016年の決算でしたかね。あれで、約半分ですよね。4，500万円ぐらいの利益が出て。そのときに、北おおさか信用金庫さんが『もう一気にやろう』っていうことになって。」と借入金の一本化を図り、危機を脱することができました。

8　強みである技術を活かす積極的な設備投資

大徳工産の強みは何といっても金属加工の技術力、特に「曲げ」の技術です。ただし中小企業にありがちな熟練工の技術に頼った加工ではなく、設備投資した機械を活用した技術力であるという点に特徴があるといえます。それは吉岡氏が現場で職人として働いていたときの経験から着想された経営方針です。それは「僕も前の会社でずっと現場をやってたときに、それまで、曲げた製品っていうのを、あんまり評価してもらえてなかったみたいなんですけど、僕がその曲げる機械を覚えてやり出してから、結構、評判よくなったんです。最近は、もう『角度から、みんな、寸法、ばっちり出てるわ』」みたいなって。昔の粗い職人さんの仕事じゃないですけど、『多少の誤差は、鍛冶屋さんが直す』みたいな時代やったんで。」という語りに表れているように、職人による作業の問題点を把握した上で、構想されたのです。また、金属加工の最も基礎的な加工技術であるといえる「曲げ」に強みを持つことは、1個の製品を1枚の板から加工するときに「いかに、溶接の箇所をなくすか」という点を優先事項として曲げでできる箇所は曲げで加工することで、溶接によるひずみや熱影響を受ける箇所を減らし、かつ作業もスピード化できるという利点も持っていました。具体的には、溶接作業であれば工賃として「5，000円も6，000円も取れるような」仕事であっても、「曲げなんか一瞬で、数秒で曲がるわけです。そこを逆に、曲げ代で3，000円とか、僕らの値段付けてもらう側からしたら、今までもそんな『高い』とかいうクレームは、何一つないんです。」と高付加価値化を実現し、加工賃の価格競争に巻き込まれないようになっています。そのような先進的な加工機械の導入により合理化できる部分は合理化しようという考えの徹底化の結果、「営業がおらん、曲げとかの製品……、例えば、ここのお客さんに、うちの製品を納めますよね。こっちの会社の社長さんなり、何か用事でこっち来たときに、『おお、これ、どっから買うてんねんや。なかなか、ちゃんとできてるやん』みたいなんで増えたりしたのも、結構あるんです。だから、製品が、ずっと営業してくれてるみたいな感じで。」と技術に裏付けられた製品により、営業力に頼らない受注を実現することができています。同様のことは、現在の大徳工産の安定的な売上げを支える柱の一つであるアルミ製品についても該当します。それは、アルミの溶接を発注できる工場をインターネットで探していた取引先がたまたま大徳工産のホームページを見つけて試作品を発注したところ、その技術力が認められ、現在の大口取引先にまで成長したというケースです。ちなみにアルミ製品は大手消防自動車メーカーの装備品に採用されているため、あまり景気変動に左右されない点でも経営を支える重要な製品となっています。技術力については、「ある程度、自信はあったんです、曲げたりすんのは。今の基礎っていうか、曲げで売ってる部分もあるし。どうしても、レーザーなんか、特に上のCADで8割方、決まるんです。そのCADの中でも、やっぱり曲げの現場を経験した人間とかがおるんです。だから、自分がやっぱり経験してる部分があるんで、CADに活かされてる部分と、あと、他の人にも、そういう状況を教えられるっていう。」と、「曲げ」という基盤の技術を、レーザー加工といった他の加工にも波及的に活用できている点も強みといえます。

吉岡氏は現場で職人として働いていたときの経験を活用しつつ、積極的な設備投資による作業の効率化を押し進めたのですが、それは必ずしも中長期的な計画に基づき自発的に実施されたものではありませんでした。吉岡氏も「こんなんいうたら、もうあれなんですけど、運がよかったっていうのと、周りから『これ、せえへんか』、『これ、やってくれや』みたいなんで、こっちから『こうしよう、ああしよう』っていうあれやったわけじゃないんですけど、やった以上は責任持って、ちょっとやらなあかんなっていうのはあったんですけど。そんな、こんなで、結構。」と振り返っているように、取引先の要望に応えているうちに現在の生産体制が実現されたという側面もあります。

これには大阪において金属加工業の産業クラスターが形成されていて[1]、取引先業者が好影響を与えることで技術上のイノベーションにつなげているということです。産業クラスターが中小企業のイノベーションに及ぼす影響を検討した井戸田（2010）は、①産業クラスター内に立地する企業の方がプロダクトイノベーションには有利である、②産業クラスター内の企業では、経営者のチャレンジ志向が製品力の向上に貢献していて、結果的にプロダクトイノベーションを高めていること、③クラスター内では、新規事業やプロジェクトを行うパートナーが存在していて、従業員の協力に加えて、経営者がこれらと協働することでプロダクトイノベーションを興している、という知見を提出しています。大徳工産の場合も、吉岡氏の技術理解に基づく果断な設備投資による技術革新と必ずしも計画的ではありませんが溶接の技術を強みに持つ取引先の吸収合併が合わさって、プロダクトイノベーションを高めることができたといえます。例えば、最近でも2016年度にエアーで鉄板を切断する5,500~5,600万円する機械2台を導入し、切断面の綺麗な加工を実現するとともに、窒素ガスボンベ代金の節約を行い、利益率の上昇を図っています。

技術者の育成については、「僕も、簡単な溶接はできるんですけど、製品として出すという溶接は、僕、ここを専門にしてたんで、そんなに溶接が分かるわけではないんですけど。やっぱり、若手の職人さんが、今の上の責任者の方らに、何でも聞いてやるように、今の子らは、取りあえず、あんまりガーいうたら駄目なんで。取りあえず、『教えて、うまくいったときは、褒めるようにして育てなあかんで』っていうのは、いうてるんですけど。」と今の時代に合わせた教育方針を心掛けているとのことです。また、働き方についても「2016年度に引っ越してきた1年間は、まだ8時ぐらいまでは、曲げやる子とかは残ってやってたんです。その翌年か。引っ越して1年たったときに、もう『残業は7時まで』って1回決めようって、全員で話して。『7時で残業、必ず終わるってことにしよう』ってやったんです。ほんなら、翌年、売上げ伸びてたんです、逆に。ダラダラやるよりも。体も、やっぱり年々、年々、しんどくなってくるんで。」と働き方の改革も実現しています。その結果、若手の社員も会社に定着し、技術力の向上につながっています。

9　今後の会社の経営について

今後の会社の組織化については、「高浜工場の方もそうですけど、やっぱりそれなりに、極端な話、現場に口出しせんようにしてるんです。現場が離れて、事務所、ちょっと入る率が多くなったときは、ちょくちょく応援、もらったりしてたんです。今度、そうすると、逆にあてにされたり、「もう、口出しすんなよ」みたいなんが、やっぱり直接、いうわけじゃないんですけど、うすうすはちょっと感じられるようになって。ほんなら、現場は現場で一番分かってるんやから、現場のやり方で任そうということで、もう口出しもせえへんし。ほんなら、納期と品質をきっちり守ったら、もちろんそれにこしたことはないし、それですむことなんで。そのへんは、向こうの高浜、溶接の子らもそうですけど、きちっとやってますね。逆に、ありがたいです。」、「あんまりね。『ちょっと、売上げ、今年、悪いで』とか、『去年からしたら、悪いで』ぐらいはいうんですけど、あんまり事細かくいうたって、もう……、『そこまで、思うてくれてんのかな』とか思う反面、まあ、仕事は仕事で、納期はきちっと守ってやってくれるし。それがあるから、やっぱりお客さん、うちに仕事くれると思うんで。」と、吉岡氏自身は経営に専念する体制を整えています。会社の課題としては、売上げの取引先での分散化が挙げられます。「今、登録上は200社ぐらいあるんですけど、その中で、廃業とかで消さなあかんやつもあるんですけど。何かしら、この会社、今月はなくても、どっかで別の会社がポンって入ったりとか。基本、不渡り、食らったときに、売上げをばらつかすっていう。

メインっていうのは、なるべくつくらんようにしようって、僕、心掛けてるんです。ここらなんか、絶対ですから。だから、これは、もう問題ないんですけど、あとの会社は、取りあえず均等に売上げが上がるように。あんまり集中して仕事取るようにせんようにして、売上げをばらつかせてる方が絶対……」というように、過去の不渡りの経験を踏まえて、複数の取引先での売上げの分散化を試みているとのことです。また受注の時期の分散化も課題とされています。これは安定受注先となっているアルミ製品が消防自動車の装備品であるため、自治体の予算執行スケジュールに間接的に影響され、なかなか解決が難しい課題として残っています。

将来的な設備投資については、3次元レーザーの導入を検討しているといいます。「ただの板だけじゃなくて、こういう原板。平板じゃなしに、いろんな形状のやつが切れるんで。素材切断だけでも、そこそこいけるなと思うんですけど。」と今後も製品の多角化につなげるための積極的な投資を考えています。また、「(既存の設備についても)やっぱり、あちこち修理が出てくるんですけど、その費用もかかるんです。年々、年々ですけど、電気代がちょっと安なったり、ガスの使用量が減ってきたりするんで、ある程度の周期では変えた方がいいと思います。」と合理的な判断で更新していくとのことです。2018年版中小企業白書・小規模企業白書概要(中小企業庁調査室、2018)で中小企業の設備投資においては設備老朽化等を背景とした維持・更新投資だけでなく、生産性向上につながる前向きな投資をより一層促進していく必要が指摘されていますが、大徳工産ではその方向性での設備投資が検討されているとのことです。

事業承継については、吉岡氏自身がまだ50代半ばの働き盛りの年齢で、承継候補者となる長男がまだ大学生ということで具体的には検討されていません。特に差し迫った問題ではありませんが、創業者である吉岡氏の次の世代にどのように経営のバトンを引き継ぐのかは、10年後程度には具体的な問題として浮上するでしょう。

10　まとめ

大徳工産の創業から現在までの会社としての歴史は、世間一般にはバブル崩壊の失われた20年と呼ばれる期間にそのまま当てはまっています。しかし、そのような厳しい環境の中でも、起業後に経営者と従業員の努力によって技術力を向上させ、着実に経営基盤を整えていっている中小企業が存在するのも事実です。ものづくりに携わる中小企業の創業と発展の物語は、戦後の高度経済成長期を舞台に語られることが多いです。確かに町工場から世界的な大企業にまで発展したという大きな成功物語はその時代ならではのものかもしれません。しかしながら、そのような中小企業が大きな経済変動の中で翻弄されつつも、技術力を高め積極的な設備投資に打って出て、経営を安定化させようと日々努力しているのかを示すことは元気企業調査プロジェクトのケーススタディとして意義があるでしょう。

[1] 注

先述のように、大徳工産の立地する茨木市南部も含む北摂地域でみられるのはそれほど高度に金属加工業が集積した産業クラスターではありません。しかしながら吉岡氏自身は、以下の語りの中で、あまり集積していない北摂の地での操業を、特に創業時に単純な加工を主な仕事をしていた時期に、過度な競争に陥らずにすんだ要因だったとの認識を示しています。「地の利っていうか、北摂、この辺でやったっていうのも、一つあったと思います。これが（大阪市西区の）九条界隈に行ったら、いくらでもあるんです。九条とかあの辺の『鉄工団地』っていわれるぐらい、そういう鉄工所いっぱいあるんです、大なり小なり。僕が創業したときでも、まだあれやったんですけど、年々、このシャーリングっていうのは、やっぱり鉄をハサミでガシャンって切るんですけど、もうレーザー加工とかああいうのが出てきてるんで。今の時代、そんなん無理くり力でガシャンって切る時代じゃないみたいな。年々、台数も減ってきてるんです、出荷っていうかもう受注生産に近い状態で。そういう時代じゃないっていうことで、レーザー入れて正解でしたし。高浜工場吸収して、溶接もプラス付加価値が増えたっていうのも、全然よかったって、今、振り返ったら。」

引用文献

中小企業庁（２００６）２００６年版中小企業白書
　https://www.chusho.meti.go.jp/pamflet/hakusyo/060428hakusyo.html（２０２０年7月1日閲覧）
中小企業庁（２０１９）２０１9年版中小企業白書
　https://www.chusho.meti.go.jp/pamflet/hakusyo/（２０２０年7月1日閲覧）
中小企業庁調査室（２０１８）２０１8年版中小企業白書・小規模企業白書概要
　https://www.chusho.meti.go.jp/pamflet/hakusyo/H30/PDF/h30_pdf_mokujityuuGaiyou.pdf（２０２０年7月1日閲覧）
茨木市（２０１６）茨木市総合戦略
　https://www.city.ibaraki.osaka.jp/material/files/group/13/sougousenrryaku.pdf（２０２０年7月1日閲覧）
入江啓彰（２０１７）２０１１年産業連関表からみた関西経済の産業構造　近畿大学短大論集、50、1－7頁。
井戸田博樹（２０１０）産業クラスターが中小企業のイノベーションに及ぼす影響　関西学院大学経済学論究、64、51－69頁。
会計検査院（１９９９）平成10年度決算検査報告　中小企業金融安定化特別保証制度の実施状況について
　https://report.jbaudit.go.jp/org/h10/1998-h10-0519-0.htm（２０２０年7月1日閲覧）
経済産業省（２０１５）大阪府の地域経済分析

https://www.meti.go.jp/policy/local_economy/bunnseki/47bunseki/27osaka.pdf（２０２０年７月１日閲覧）
内閣府（２０１１）平成23年度　年次経済財政報告
https://www5.cao.go.jp/j-j/wp/wp-je11/h03_01.html（２０２０年７月１日閲覧）
大阪産業リサーチセンター（２０１６）大阪における強みのある産業の集積と変遷
http://www.pref.osaka.lg.jp/attach/1949/00051733/153_kibannsangyou_hosoku.pdf（２０２０年７月１日閲覧）
白塚重典・田口博雄・森成城（２０００）日本におけるバブル崩壊後の調整に対する政策対応―中間報告―日本銀行金融研究所 金融研究、19、87－１４３頁。
https://www.imes.boj.or.jp/research/papers/japanese/kk19-4-5.pdf（２０２０年７月１日閲覧）
首相官邸（１９９８）中小企業等貸し渋り対策大綱
https://www.kantei.go.jp/jp/kakugikettei/980902tusan.html（２０２０年７月１日閲覧）
多和田眞・塚田雄太（２０１３）東海地域と関西地域の産業クラスターの比較分析：再考　愛知学院大学経済学研究、1、19－44頁。

3章

〈北大阪の元気企業の事例報告3〉

中小企業の技術特化とニッチ市場開発

近畿刃物工業株式会社

追手門学院大学経営学部教授　朴　修賢

【企業概要】

会　社　名：近畿刃物工業株式会社
代　表　者：代表取締役社長　阿形清信
所　在　地：大阪府守口市大日町３丁目33－12
資　本　金：１０，０００，０００円
従業員数：45名
設　　　立：１９６０年（昭和35年）６月
創　業　者：阿形　清
業　　　種：紙器・段ボール加工用刃物製造業

営業品目：主とする刃物は紙器・段ボール加工用刃物と関連部品、超硬刃物

1　調査の概要

2019年5月9日（木）に近畿刃物工業株式会社（以下、近畿刃物）の本社（**写真1**）において、代表取締役社長の阿形清信氏に対するインタビュー調査を1時間半行いました。また、インタビューの前に、会社の広報用のYouTube動画「段ボールの生産を支えるオンリーワンテクノロジー」[1]を視聴して、その他の動画と、会社パンフレットおよびビジネスモデルや財務状況のわかる資料をご提供いただき、分析に活用しました。

2　事業の沿革と事業性評価

近畿刃物は、工業用刃物・部品、その中で主には段ボール加工用刃物と関連部品を製造する会社として1960年に設立されました。創立者は阿形清氏であり、本社は大阪府守口市に所在しています。2000年7月に阿形清氏が逝去したことに伴い、長男の阿形清信氏が二代目の代表取締役社長として就任しました。阿形清信氏は、子供の時から自然と会社の後継者としての意識を持ち、

写真1　近畿刃物（株）　本社の外観
出所：近畿刃物（株）公式HPより

20歳から現場のモノ作りの仕事に関わり、29歳に専務取締役、44歳から代表取締役社長として経営を担っています。

１９５０年代半ばから、日本における運送用の包装が木箱から段ボール箱へと徐々に変わっていきました。しかしながら、段ボール箱そのものが海外から生まれたものであるがゆえに、当時はまだ、段ボール加工機械やその部品、刃物も、外国から輸入されたものがほとんどであり、その値段も高価でした。そこで、当時、アメリカの会社と提携して大阪で段ボール加工機械を製造していた「丹羽鉄工所」というところで資材関係の仕事を通じて、「国内生産をやってみないか」という提案を受けたことが会社設立のきっかけとなりました。会社設立の状況について、阿形清信氏は先代から聞いた話から「つくり方とか、そこらへんも全然、分からなくって。それで、鍬とか、鋤とか、

写真2　近畿刃物（株）の主な取り扱い商品
出所：近畿刃物（株）公式HPより

農具とか、それをつくる鍛冶屋さんの知り合いが愛媛県の方におられたんで、その人を頼って『一緒につくりませんか』いうことで始まった」と説明しています。

近畿刃物は、創業以来、オーダーメードの刃物製造と紙器段ボール業界の刃物メンテナンス（再研磨）一筋で活動をしている国内唯一の段ボール加工用刃物専業メーカーでありながら、年商4億8，700万円（2018年現在）に達する中堅企業として成長しています（**写真2**）。

一方、産業用刃物は範囲が広く、日本の産業発展に伴い、市場から多種多様な需要が生み出されていますが、近畿刃物の場合、その分野に対する高い技術力とノウハウを長年にわたって積み重ねてきているにもかかわらず、事業範囲を拡大せずに、あえてニッチな段ボール加工用刃物に特化した「専業化」を進めてきています。

創業当時は、海外から輸入された段ボール加工機械の刃物を顧客から持ち込まれ、顧客の要望通りに複製して提供することが主な仕事でした。次第に顧客の要望により、多様な産業用刃物を製造するようになっていきましたが、「膨大な種類の刃物を作る中で限界を感じることになり、改めて原点に回帰するべく起業のきっかけとなった段ボール刃物専業メーカーの看板を掲げて勝負することにした」ようです[2]。このことについて阿形清信氏はインタビューを通じて、「それは、昔、いろんな刃物造りをやっとった時期も、あったんです。段ボールの刃物以外をやるときには、その付加価値が分からないんです。だから、値付けができない。それがいいかどうか、分からないから、面白みがない」と語りながら、段ボール加工用刃物事業への「専業化」を決心したきっかけを説明していました。

企業経営における長期成長戦略の観点から見ると、多くの企業は技術力が蓄積され、かつ市場における競争が激しくなるにつれて、経営存続のために事業多角化を模索することが一般的な動きであるのに対して、近畿刃物は、段ボール加工用刃物に事業分野を絞り、「専業化」することを通じて、市場での持続的かつ安定的な成長を遂げてきています。このような戦略的選択が成功できた背景を知るためには、日本における段ボール産業の成長過程と事業的特性を理解しておく必要があると思います。

まず、段ボール箱が包装材として、その原型が完成したのは、1800年代終り頃のアメリカからだといわれ、1950年代には、既にアメリカ国内における輸送包装の80％を段ボール箱が占めていたとされます。一方、日本では、戦後、国内の経済復興が進むのに伴い、ようやく段ボール箱に対する需要が本格化し始めていました。ビール、酒類、醤油、乳製品などの部門から木箱から段ボール箱への転換が始まっていました。これらの部門から段ボール箱への転換が先に進んだ理由は、もともと段ボールというものが、瓶類などのように、壊れやすいものを壊さずに運ぶための道具、すなわちクッションとして使われ始めていたからです。その後、段ボール箱の中身が何かに関係なく、移動させるときには必ず段ボール箱が要るというように認識が変わることとなり、日本国内の各産業部門における段ボール箱の需要が急速に増加するようになりました。そのために1960年代、1970年代の高度経済成長とともに段ボール産業も生産数量を順調に伸ばしていましたが、1990年代以降は、日本国内における段ボール産業は成熟期に入り、生産数量の増加は高度成長期に比べて徐々に鈍化傾向を見せるようになりました。

段ボール部門別消費動向を見ると、2019年の場合、加工食品（飲料含む）が40・5%、青果物が9・9%、その他食料品が4・3%となっており、3つをあわせた食料品全体では54・7%と段ボールの需要の過半数以上を占めています。また、電気器具・機械器具が7・3%、薬品・洗剤・化粧品が6・3%、繊維製品2・1%、陶磁器・ガラス製品・雑貨が5・2%、通販・宅配・引越用が5・2%、その他の製箱用17・7%、包装用以外が1・5%を占めています[3]。そして部門別消費動向の割合は**図1**で示しているように、最近の数年間を比較しても類似した傾向を見せています。

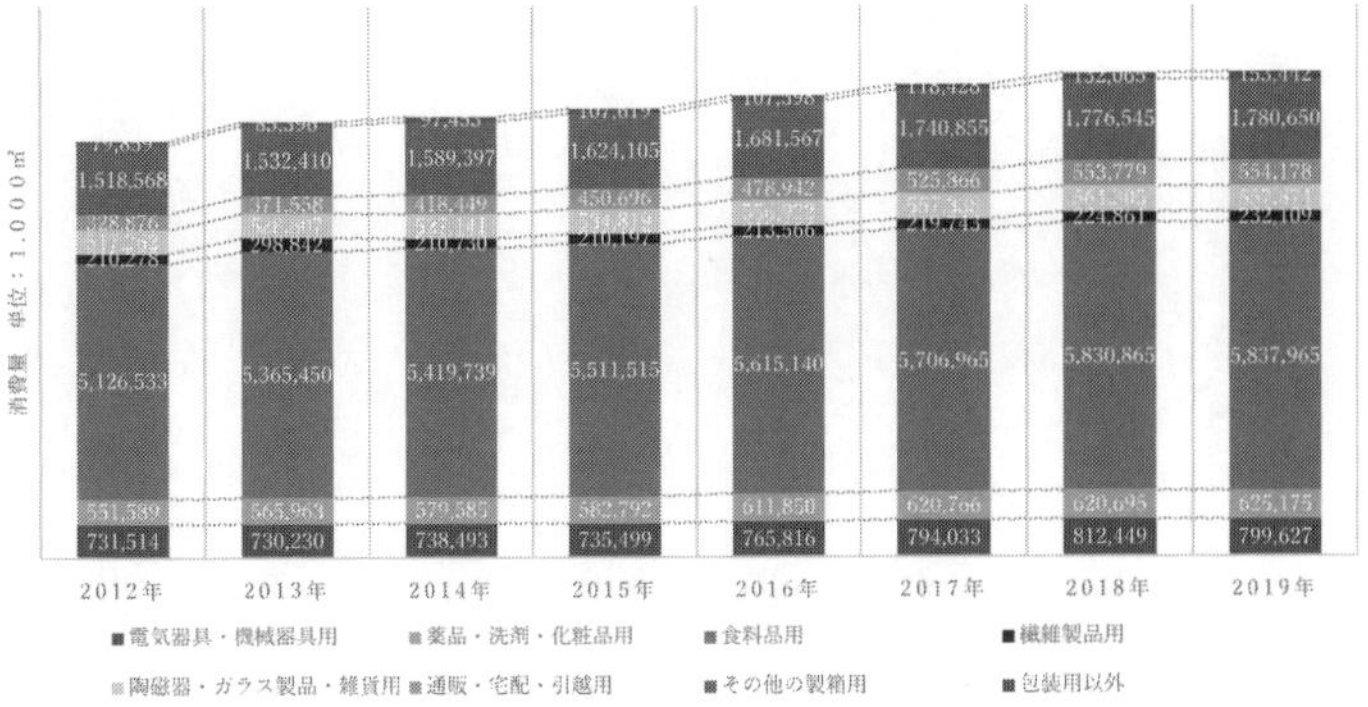

図1　段ボール部門別消費動向

出所：全国段ボール工業組合連合会「段ボール統計・発表資料」各年資料より作成

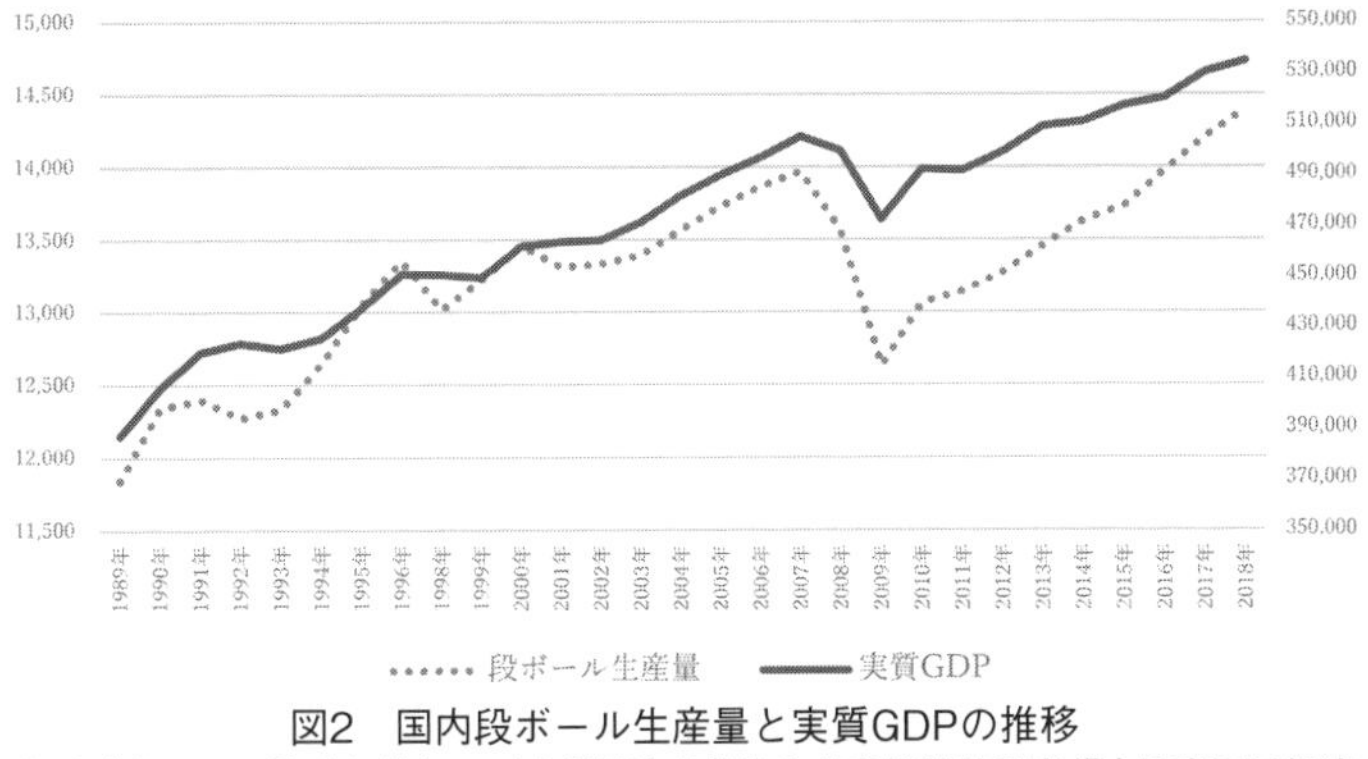

図2　国内段ボール生産量と実質GDPの推移

出所：『段ボール統計年報(2018年)』「経済産業省生産動態統計調査」「内閣府国民経済計算(GDP統計)」よりデータ引用[4]

このように輸送包装というのは消費者の生活用品を始め、産業分野の多岐にわたって使われているがゆえに、国内市場の物流動向を反映しており、段ボール事業の需要構造は特定の産業の好不況の影響を受けにくい、すなわち国内の消費動向と景気動向と密接な関連性を見せているともいえます。このような点は、**図2**に示しているように、国内段ボール生産量と実質ＧＤＰの推移が類似な動きをしていることからも読み取ることができます。

一方、今後の日本国内における段ボール産業をめぐる将来の状況については、悲観的観点と楽観的観点が両立していることが事実です。まず、悲観的観点では、日本社会における少子高齢化・人口減少による国内消費市場の縮小と、海外からの安い段ボール輸入品の流入などが主な理由となり、今後、国内段ボール産業の成長低下が懸念されると見込まれています。それに対して楽観的観点では、たとえ人口減少が進んでいても、一世代あたりの人員が減少する代わりに世帯数が増加しており、さらに消費行動における少量化・小口化がより進んでいることなど、消費者のライフスタイルや消費構造の変化に対応することで段ボールに対する新たな需要が生み出される可能性が極めて高いため、日本における段ボールの市場規模は堅固に維持できるであろうと見込まれています。

3　経営に対する理念・ビジョン・考え方

経営に対する理念について、阿形清信氏は一言で「安心して眠れる会社、笑って働ける会社」だと表現しています。ここで「安心して」というのは、単に財務的に安定している会社という意味ではなく、「明日、行くときに『行きたくないなあ』という気持ちが起きない会社」ということで、社員が満足して働ける会社づくりを目指しており、社員に対する内向けのメッセージとして「まず、対応するのは、目の前の人から対応していくしかない。それを、個別にやっていくしか。会社は、そんな場所でしかないと思いますわ。」ということで、いわゆるインターナル・マーケティング志向の経営マインドを強調するものだと解釈できます。

阿形清信氏は、39歳の時に心筋梗塞で倒れたことがあります。病状から復帰を願いながら、会社のことを俯瞰して見るようになり、その際に「今まで、会社の中の方から潜望鏡を出して、外の方ばかり見ていて、会社の中のことは全然、見ていなかったことに気づいた」ということが、経営に対する理念を見直すきっかけになったといいます。

近畿刃物は、不特定多数の顧客に対する外向けのメッセージよりも、従業員の満足に応えることを優先する。そのために工場環境の整備、社員のモチベーションアップを図る「社員の心の見える化」、さらに社員の生活の安定性を保証するために全社員の年金保険加入などを通じて、インターナル・マーケティングを実行しているといえます。

4　事業の強みと弱み

近畿刃物の強みは、技術力です。そしてその技術力によって高い参入障壁が構築できています。既述した通り、日本における段ボール産業は、戦後、日本の経済復興と高度経済成長に伴って順調に成長してきており、運送包装というのは消費者の生活必需品を始め、産業分野の多岐にわたって使われています。そのために、段ボール事業の需要構造は特定の産業の好不況にあまり影響されず、今後とも市場規模における大きな縮小はないことが見込まれます。一方、国内の段ボールにおける生産支配構造は、日本に初めて段ボールを事業化したとされる「レンゴー株式会社」を含む限られた少数の大手企業によって寡占されています。すなわち日本における段ボール消費は多岐に拡大されている一方、段ボール生産は特定の大手企業に集中されているといえます。ここで、近畿刃物は段ボールを製造することでなく、段ボール生産に必要とされる刃物などを製造しますので、厳密にいえば、近畿刃物にとっての最終顧客は、その大手の段ボール製造企業となるわけです。その意味からすると、顧客が非常に絞られており、確定されているという見方もできます。

このような段ボール箱市場において、近畿刃物は段ボール加工用刃物の部門に対する「専業化」を進めるうえで、全ての商品をオーダーメードで製造しており、材料から完成までを自社で行っています。段ボール箱というのは、中に入れる商品によって一品一様ですが、近畿刃物は、全ての商品、すなわち顧客の要望ごとに対応したオンリーワンの技術を開発し、技術特許を取得してきています。そして、これらの技術特許は、競合者が段ボール箱市場へ参入することを防ぐ参入障壁となっており、段ボール加工用刃物の部門において、安定的かつほぼ独占的な市場需要を獲得しています。

次に、近畿刃物の弱みは多くの中小企業で見られることではありますが、業務、とりわけ事務職について専門化しすぎている、言い換えれば、特定の従業員に頼りすぎており、従業員間での仕事の共有化があまりできていないことだと考えられます。

5　人材採用・人材育成の取り組み

現在の従業員数は45名です。最長勤務年数は35年、従業員の平均年齢は35歳です。人材採用は随時ではなく、毎年、新規採用を行っており、人材採用と育成に積極的に取り組んでいます。しかしながら多くの中小企業と同様に、人材不足、とりわけ若い世代の育成が解決すべき課題となっています。

6　後継者の育成・事業承継について

近畿刃物は、事業承継に対して大きな問題はなく、現在に至るまで経営に対する承継は順調に行われています。阿形清信氏は、子供の時から自然と会社の後継者としての意識を持ち、20歳から現場のモノ作りの仕事に関わり、29歳に専務取締役、44歳から代表取締役社長として経営を担っています。経営者が若い時から現場に入り、モノ作りに関わっているために、刃物に対する豊富な知識とノウハウを持ちながら、技術開発と経営改革に対する強いリーダーシップを発揮しています。さらに、次の三代目は弟さんに、四代目は息子さんに承継してもらう予定で、事業承継の後継者問題も既に解決できています。

7　まとめ

日本における段ボール箱市場は、限られた大手企業によって寡占されており、このような大手企業を顧客とする段ボール加工用刃物の市場は、非常に狭い市場、いわゆるニッチ市場だといえますが、近畿刃物は、このニッチ市場の中で、いち早く専業化を決心したうえ、顧客要望ごとに対応したオンリーワン技術の開発と、その技術に対する数々の技術特許の取得と蓄積によって、そもそも新しい業者の参入が難しいように、市場に対する参入障壁を自ら高く構築することで、保護された市場を作り上げています。その結果、業界のパイオニアかつ、市場リーダーとしての強みがしばらく維持できると予想されています。

そして、外部的な影響要素より、自社の独自技術力、従業員という、内部的な経営要素に対してより焦点を当っていることから、インターナル・マーケティングが志向されているといえます。

今後は、運送ケースの素材変化、オンライン受注の増加などによる市場そのもののイノベーションに如何に対応していくかが、大事になるものと考えられます。

謝辞：調査に際しては、近畿刃物の代表取締役社長である阿形清信氏にヒアリング調査及び資料提供において全面的な協力を得ました。また、北おおさか信用金庫にも顧客企業である近畿刃物をご紹介いただき、調査日程の調整等で協力を得ました。ここに感謝いたします。

注

[1] https://www.youtube.com/watch?v=m-o4GSxaoiU

[2] 近畿刃物（株）公式ホームページに掲載されている「社長挨拶」から一部引用。

[3] 全国段ボール工業組合連合会「部門別消費（次工程投入）動向」（２０２０年）

[4] １９９７年度の「経済産業省生産動態統計調査」から段ボール生産量の調査が省略されており、「段ボール統計年報」では１９９９年度からデータが掲載されているため、１９９７年度の生産量の数値が不明である。

参考文献

『段ボール統計年報』（２０１８年）全国段ボール工業組合連合会
「内閣府国民経済計算」（ＧＤＰ統計）
「経済産業省生産動態統計調査」
https://www.meti.go.jp/statistics/tyo/seidou/（２０２０年6月30日閲覧）
全国段ボール工業組合連合会
https://zendanren.or.jp/（２０２０年6月30日閲覧）

映像資料

阿形清信社長インタビュー「安心立命 安心して眠れる会社 笑って働ける会社」
https://www.youtube.com/watch?v=nLD5hEbcgDY（2020年6月30日閲覧）
「ダンボールの生産を支えるオンリーワンテクノロジー 近畿刃物工業株式会社 会社案内」
https://www.youtube.com/watch?v=m-o4GSxaoiU（2020年6月30日閲覧）
「段ボール用刃物のスペシャリスト―近畿刃物工業株式会社」
https://www.youtube.com/watch?v=AiF17KsR_O4（2020年6月30日閲覧）
「近畿刃物工業60年の歩み、60年のアルバムをふりかえる」
https://www.youtube.com/watch?v=snPzvG5YHu4（2020年6月30日閲覧）

4章

〈北大阪の元気企業の事例報告4〉

地元中小企業の世界市場開拓

有限会社美乃幸

追手門学院大学経営学部教授　朴　修賢

【企業概要】

会　社　名：有限会社美乃幸
代　表　者：代表取締役　厚浦宏司
所　在　地：大阪府大阪市淀川区十三元今里2丁目2－49
資　本　金：300万円
従業員数：13名（社員6名、パート・アルバイト7名）
創　　　業：1944年（美乃幸精肉店として）
創　業　者：厚浦健蔵
設　　　立：2001年

業　　種：小売（精肉）
取扱商品：肉

1　調査の概要

２０１９年10月18日（金）に北おおさか信用金庫十三本部から場所を提供していただき、有限会社美乃幸（以下、美乃幸）の代表取締役社長の厚浦宏司氏に対するインタビュー調査を1時間半行いました。今回の報告書はインタビュー内容と美乃幸のホームページの内容を主としてまとめたものです。

2　事業の沿革と事業性評価（海外市場開拓）

美乃幸は、精肉の小売と加工品の販売を行っています。創立者である厚浦健蔵氏が１９４４年に大阪市の十三公設市場（大阪市淀川区十三元今里2丁目2－49）に精肉店を開業したことがもととなっています。厚浦健蔵氏は神奈川県横浜の出身で、その当時、関東では、まだ精肉といえば、牛肉より豚肉が主流でしたが、大阪の方は牛肉の需要が多かったので、横浜から大阪の千林に来て、

写真1　美乃幸の大阪十三店
出所：美乃幸より提供

精肉、とりわけ牛肉について修行していました。そして厚浦健蔵氏は修行を終えてから横浜に帰り、２つの精肉店を開業しましたが、その店舗を兄弟に任せて、再び、大阪に戻り、十三公設市場に「美乃幸」という精肉店を開店し、現在の「有限会社美乃幸」に至っています（**写真1**）。

美乃幸の事業承継は、厚浦健蔵氏が60歳に逝去したことに伴い、１９７９年９月に二代目の厚浦義夫氏が、引き続き１９９６年10月に厚浦義夫氏の長男である厚浦宏司氏が三代目の代表取締役社長として就任し、現在に至るまで経営を担っています。「美乃幸」は１９９８年に十三公設市場活性化事業によってスーパー型に改組され、２００１年７月には「有限会社美乃幸」を設立し、法人化しています。

一方、美乃幸は、２００７年から事業多角化を進めていました。まず、同年の11月に「美乃幸マイスターキッチン」を設立し、加工品専門の作業所を作りました。美乃幸は、精肉だけでなく、加工肉も提供していますが、加工肉は、創立者である厚浦健蔵氏の時代から製造されてきているものです。厚浦健蔵氏は、出身地である横浜の中華街で昔からいろいろな中華風の焼き豚が作られていたことを見ていましたが、自分は「もうちょっと違う形の焼き豚を作りたい」ということで、平塚で手作りの釜を制作し、それを大阪に持ってきて、炭火で焼く形での焼き豚の加工品を完成させました。創立者の厚浦健蔵氏により作り始めていた焼き豚の加工品は、美乃幸マイスターキッチンの設立を通じて、美乃幸の主力商品の一つとなり、現在において全体の売上の中で、25％を占めています。[1] また、２０１０年8月に直営の焼肉店として「炭火焼肉 庵Ａｎ」を十三に開業し、その経営は弟さんに任せていました。[2]

そして美乃幸が進めている事業多角化戦略の中で、最も注目されることは、海外事業展開に踏み出していたことです。それまで大阪・十三という狭い地域社会を基盤とする地域密着型の経営を行ってきていた当社ですが、２０１７年にマレーシアへ店舗を出店し、海外事業展開を開始しました。同年の5月11日に、現地法人「MINOKOU SDN BHD」を設立し、翌年5月ペナンに「美乃幸マレーシア店」を開業しました（**写真2**）。

厚浦宏司氏は、海外事業展開を目指すきっかけについて「大阪・十三という地域社会を主な基盤として商売を行っていますが、今後、地域社会の高齢化に伴う自然的な市場規模縮小などによる売上減少が心配になっていました。さらに日本は自然災害が多い国で、この先、いつどこで災害が起こるかも分からないし、自然災害などによる事業休止というリスクはなるべく避けたいと思いまし

写真2　「美乃幸マレーシア：ペナン店」の店舗内

た」と説明し、海外事業展開の主な目的が経営におけるリスク分散であったことを明らかにしています。それに加えて厚浦宏司氏は学生時代（19歳から25歳まで）の若いときに、カナダとアメリカなどの海外に留学した経験があり、海外に行くことに対する抵抗もなく、むしろ積極的に海外進出を模索することができていました。

厚浦宏司氏はインタビューを通じて、「海外進出を本格的に検討するにあたって、シンガポール、香港、マレーシアなどの東南アジア諸国を候補として挙げ、直接足を運び、現地の食肉市場を調べるなど、多方面からの検討を行ったところ、自然災害やテロの少ないマレーシアのペナンを第一の海外出店場所として決定していた」といい、第一の海外出店場所としてマレーシア・ペナンに決定するまでの経緯と理由を説明していました。

そこで、マレーシアにおける食肉市場の事情を見てみると以下のような特徴が挙げられます。

まず、マレーシアは、約33万平方キロメートルの国土面積（日本の約0・9倍）と約3，200万の人口数を有しており、ＡＳＥＡＮの中ではシンガポール及びブルネイに次いで高い水準の経済成長を遂げているなど、将来的に成長可能性の高い消費市場として評価されており、かつグローバル化が進んでおり、食品市場、とりわけ食肉市場においては、多民族の人口構成と宗教的な背景が大きく反映されています。マレーシアは、マレー系69％、中華系23％、インド系7％から成る多民族国家であり、[3]このような民族構成が宗教的な背景となり（イスラム教（連邦の宗教）61％、仏教が20％、儒教・道教が1・0％、ヒンドゥー教が6・0％、キリスト教が9・0％）、これらの事情が国内の食肉市場にも大きく影響しています。[4]具体的にいえば、中華系は中華料理を基本とする食文化で基本的に宗教的な禁忌はない一方、インド系はヒンドゥー教の教えから牛肉をはじめ肉食を避ける傾向があります。また人口の6割以上で最も多い割合を占めているマレー系はイスラム教を信仰しています。イスラム教は、豚肉の摂取が禁忌で、豚肉の他にアルコール飲料なども摂取が禁忌とされています。[5]さらに生産から流通・販売までの全ての過程において、イスラム教向けの食品類と禁忌とされている食品類が混ざりあってはならないとされ、このような事情からマレーシアにおける食品流通過程には「ハラール（Ｈａｌａｌ）認証」という制度が設けられています。

ハラール認証制度とは、イスラム教の禁ずる豚肉やアルコール等を含まない安全な食品等の規格を定め、原材料、製造工程、製品品質を審査し、適合製品を認証する制度です。ただし、マレーシアにおけるハラール認証制度は強制ではないために、マレーシアの国内で製造・販売されている全ての食品に対して、規格取得を求めているわけではありません。規格を取得していない製品を生産・陳列・販売することも可能ですが、規格を取得することにより、プラス評価を受ける優良規格(premium standard)として認識されているものと理解すればよいでしょう。

一方で、マレーシアは牛肉の自給率が低く、消費量のほとんどを輸入に依存しています。その中で、約7割以上がインドから、次にオーストラリアと他の国から輸入されています。牛肉に対する輸入率が高いなかで、ハラール認証制度は、マレーシアに食肉を輸出する非イスラム国にとって、理解し難いものでもあり、かつコスト負担を増加させる要因にもなっています。特に、ハラール認証制度は、食肉に対する所定の屠殺方法と処理方法を詳細に規定しています。例えば、一定の資質を有するイスラム教徒が屠殺すること、屠殺に際して特定の宗教的な文言を唄えるべきことであること、イスラム教徒の検査員が屠殺をチェックすることなどが規定されています。海外の施設・工場等の場合も認証の規格取得が可能ですが、同様の屠殺方法と処理方法、それに対する審査が求められており、審査・認証後の検査のために掛かる審査料とは別に、審査・検査担当者の交通費、滞在費を負担すること、さらにハラール認証を受けた製品が、輸送、交通、小売り段階で、非ハラール製品と混載あるいは混合陳列された場合には、その製品は非ハラールになるために、ハラール認証を取得した輸送会社等を使う必要があります。

このような事情のために、日本におけるアジア諸国に対する食品産業の進出もハラール認証が難関となり、それまでは中国、タイなどに集中し、マレーシアへの投資は少なかった実情がありました。

次に、美乃幸が海外出店地として決めていた「ペナン」という都市は、首都のクアラルンプールやマレーシアの他の地域と違って、人口の中で中華系が約半数を占めています。また既述した通り、多民族国家であるマレーシアには民族間の所得水準に大きく格差が生じていますが、その中で中華系はマレーシア経済において支配的な立場を担っているとされます。ペナンには、中華系の富裕層に加えて、日本人の長期滞在者もたくさんいます。そのためにペナンにはイスラム色が薄く、非ハラールでも食肉の販売が比較的に容易です。さらに量販店やデパートのほか多数の日本食レストランが進出し、日本食の認知度も高いですので、富裕層の中華系と日本人長期滞在者をターゲットとする高級牛肉のニッチ市場の成長可能性が高く見込まれています。

ペナンへの出店を検討する際、ペナンを歩き回りながら、実際に肉事情を調べていた厚浦宏司氏は「ペナンのスーパーや、肉を売っているところを見に行っても、豚肉はあっても、牛肉、特に美味しい牛肉があまり販売されていない」、「マレーシア人は、共働きの世帯が多く外食を好む習慣があり、量販店などでは、購入した商品をその場で食べさせるようなイートインスペースを設けているところが多い」ことに気づいたといいます。

そこで美乃幸は、ペナンへの出店を決めてから、まず上質で美味しい牛肉の仕入れ先を開拓するのに主力を注ぎました。マレーシアにおいて、高級牛肉といえば、オーストラリア産の「和牛」ですが、当時は、オーストラリア産の和牛でも、全てが冷凍であったため、大手業者の支店に何回も訪れ、「チルドで、オーストラリア和牛を引っ張ってくれ」と頼んでいました。さらに開店当時にはまだ禁止とされていた日本産和牛の輸入が、２０１７年11月から解禁となったので、クアラルンプールのある日本出資の企業にまで行って、日本産和牛の仕入れを頼んでいました。[6]当時は、どの仕入れ先も「ペナンでそのような高級牛肉が売れるわけがない」という懐疑的な反応を見せていましたが、実際に店をオープンしたところ、厚浦宏司氏の予想通りに中華系と日本人から高い人気を集めました。

また、売り方についても工夫しました。店舗の2階にデモンストレーションルームを作り、その場所を使って、すき焼きやしゃぶしゃぶのつくり方など、日本食、かつ肉の美味しい食べ方をローカルの人々に教えたり、顧客が持ち込んだ食材と店舗から提供される肉が一緒に食べられるようにする「イートイン式の精肉店」を提供するようにしました。

3　経営に対する理念・ビジョン・考え方

経営に対する理念について、代表取締役社長の厚浦宏司氏は一言で「地域密着」だと表現しています。祖父の時代から事業を始めている地域であり、かつ厚浦宏司氏本人が生まれ育った地域である大阪・十三は、梅田など大阪の都心部に近い場所でありながら、地域住民間の密着性の強い特徴を持っている地域で、都会の中の田舎としての特徴を有しているがゆえに、地域密着・地域貢献を含めた「地元に根付いた商売」を意識しています。厚浦宏司氏の父親は三味線と民謡の先生として地元でよく知られており、厚浦宏司氏本人もボーイスカウト活動などを通じて、幼い頃から地域に密着して多様な活動を行いながら地域住民からの信用を着実に築き上げています。その一方で、時代の変化に伴う市場縮小や自然災害に対する不安を解決するために、海外展開を積極的に進めていき、「地域市場からグローバル市場へ」を将来ビジョンとして目指しています。

4 事業の強みと弱み

美乃幸の強みは、精肉店をもととして成長してきている企業であるがゆえに、肉に関する豊富な知識と、高い技術力を持っていることです。それに対して、今後、グローバル企業として成長するために改善していくべき弱みは、1店舗の中小企業であるため、まだ企業としての組織的な体系が構築できておらず、マーケティング戦略の実践にも限界が見られていることです。

5 人材採用・人材育成の取り組み

現在の従業員数は社員が6名で、パート・アルバイトが7名がいます。またペナンの店舗には、

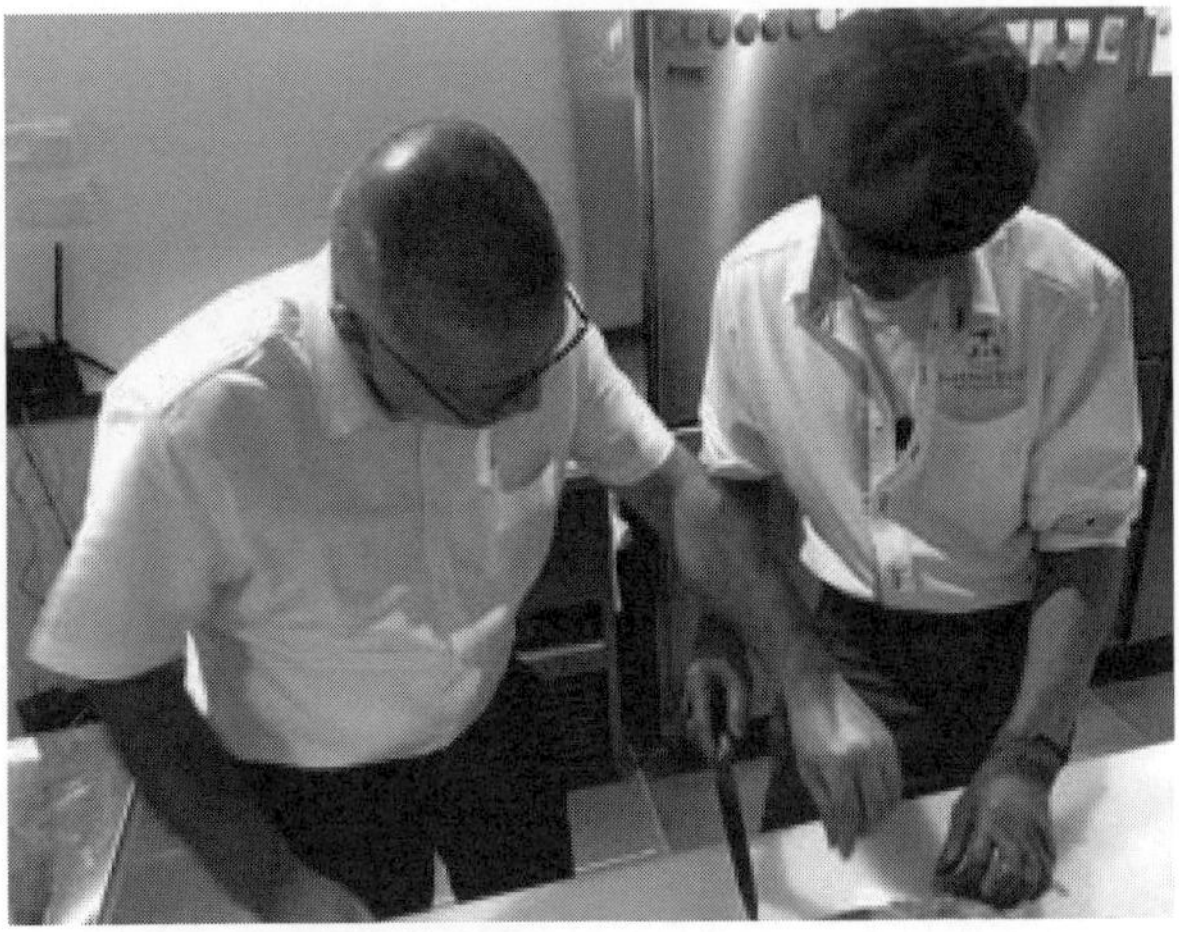

写真3　現地店舗で雇用したマレーシア人のスタッフに肉の成形方法を教えている厚浦宏司氏
出所：日本貿易振興機構（JETRO）HPより

日本から派遣した日本人従業員が1名、現地のローカルの中華系とマレー系のそれぞれ1名がいます。一般的に肉の加工を担当する職員は熟練した年齢の高い人が多いですが、厚浦宏司氏は若者を採用して、肉職人として育てています（**写真3**）。そして20代の若い従業員を美乃幸マレーシア店の責任者として派遣するなど、大胆に仕事を任せています。

6　後継者の育成・事業承継について

美乃幸は、事業承継に対して大きな問題もなく、現在に至るまで経営に対する承継は順調に行われてきています。三代目で、現在の代表取締役社長である厚浦宏司氏は、大学生時代にカナダとアメリカに留学しており、卒業過程を終えてから、そのまま海外での生活を続けていきたいという希望もあったようですが、自分が長男であるがゆえに、いずれは稼業を継がなければならないという事業承継に対する意思が、子供の頃から意識の中に自然と植え付けられていたようです。次の四代目は息子に承継してもらう予定です。「息子はまだ高校生ですが、無識的に『継がなければ』という意識を既に持っています。」ということで、後継者問題は既に解決できています。

7 まとめ

美乃幸は、大阪・十三という地元市場を基盤とする地域密着型の企業として、現在に至るまで着実に成長してきています。地域の中小企業として抱えている将来に対する不安を解決するために、多方面からの事業多角化が進められ、その中でも特に、マレーシア・ペナンをはじめとする海外事業展開が注目されています。今後、マレーシアのクアラルンプール、ベトナム、タイなどを含む、東南アジア諸国への進出を目指しています。ただし、最近、新型コロナウイルス感染拡大のような予想しがたい突発的な事情により、海外活動が制限されたりすることが増えている傾向ですので、海外への事業展開を進めるにあたっては、より注意が求められています。

謝辞：調査に際して、美乃幸の代表取締役社長である厚浦宏司氏にヒアリング調査及び資料提供において全面的な協力を得ました。また、北おおさか信用金庫にも顧客企業である美乃幸をご紹介いただき、調査日程の調整等で協力を得ました。ここに感謝いたします。

注

[1]現在、「美乃幸」における売上の割合は、牛肉50％、豚肉25％、加工品25％となっています（厚浦宏司氏のインタビューより）。

[2]インタビュー当時とは状況が変わり、海外進出第2店舗としてマレーシアの「クアラルンプール店」を開店し、その経営を「炭火焼肉 庵Ａｎ」の代表であった弟さんが担う予定であったため、「炭火焼肉 庵Ａｎ」は２０２０年2月末で閉店しています。また「クアラルンプール店」の開店は、コロナウイルスの影響で延期となっています。

[3]マレー系には中国系及びインド系を除く他民族を含む、２０１７年マレーシア統計局発表より（日本外務省ＨＰ掲載資料）。

[4]日本外務省ホームページ掲載資料より。

[5]当規格は、許されない食材として、豚、アルコール等、所定の屠殺方法・処理方法をとらなかった肉類などを規定し、これらと直接・間接に接触したものも同様に扱うとしている。所定の方法で屠殺されなかった動物、豚、犬の他に、牙を持つ動物、肉食性鳥類、ワニ、カメ、カエル、遺伝子組み換え生物（Genetically Modified Organisms：ＧＭＯ）が挙げられている（財団法人食品産業センター、２００９）。

[6]マレーシア政府は、２０１０年4月、日本で口蹄疫感染牛が確認されたことに伴い、それ以降の長い間、日本産牛肉の輸入を全面禁止していましたが、両国間における牛肉輸出再開のための協議が進められ、２０１７年11月に、マレーシアのハラール認証方式を取り入れた日本産牛肉輸出施設（2施設）で処理された日本産牛肉の輸出が可能となる、いわゆるマレーシアにおける日本産「和牛」の輸出入が解禁となりました。

参考資料

財団法人食品産業センター（２００９）「マレーシアHalal制度の概要」

日本外務省　https://www.mofa.go.jp/mofaj/index.html（２０２０年8月31日閲覧）

日本貿易振興機構（ＪＥＴＲＯ）　https://www.jetro.go.jp/case_study/2019/minokou.html（２０２０年8月31日閲覧）

美乃幸公式ホームページ　https://minokou.com（２０２０年8月31日閲覧）

美乃幸ブログ　https://minokou.com.blog/（２０２０年11月24日閲覧）

5章

〈北大阪の元気企業の事例報告5〉

強靭なキャッシュ・サイクルと企業の信頼獲得

株式会社ダイフジ

追手門学院大学経営学部准教授　宮宇地 俊岳

1　調査の概要

２０１９年10月に株式会社ダイフジ（以下、ダイフジ）の本社において、代表取締役社長の藤原安雄氏に対してヒアリング調査を約１時間半実施しました。また、会社や工法、施工実績、主要な工事履歴に関するパンフレット、過去に掲載された社長に関する新聞記事、およびビジネスモデルや財務状況のわかる資料をご提供いただき、分析に活用しました。

【企業概要】
会社名：株式会社ダイフジ
代表者：代表取締役　藤原安雄
所在地：大阪府豊中市服部本町4丁目1番10号
資本金：5，000万円
従業員数：23名（常用工員600名、臨時工員800名）
創　業：1972年4月
創業者：藤原安雄
業　種：建設
業務内容：建設・土木・型枠工事業

2　企業および事業の沿革

ダイフジは、型枠大工事業を中心とした建設業を営む企業で、1972年に藤原工務店として創業され、1980年に株式会社ダイフジ建設として法人化を行い、1999年に現社名へと変更しました。建設工事において、建築物の主要な骨組み・構造部分を造る工事は「躯体（くたい）工事」といわれ、そこで中心的に活躍する職種が「鳶・土工」、「鉄筋工」、「型枠大工」で、「労務三役（躯体三役）」と呼ばれます。ダイフジが主たる事業としている「型枠大工」事業は、建築物の構造を造るにあたって、鉄骨に対して生コンクリートを流し込んで固化する際に、コンクリートが事前に想定した形状になるように誘導する「枠組み」が必要となるため、木や樹脂でできた型枠を組む事業です。

建設業界には「名義人制度」というものがあります。ゼネコンの一次下請け（直接取引）ができる「名義人」という立場がありますが、ダイフジは元請け・下請けの両方からの信頼獲得を重ねて、その「名義人」の立場を勝ち獲った企業です。建設業界は、「ゼネコン⇓名義人（一次下請け）⇓二次下請け⇓三次下請け⇓四次下請け」といった「重層下請け構造」の業界で、創業当初、ダイフジは「四次下請け」に位置していたといいますから、大躍進を果たしたことになります。

取引先の実績としては、大林組、竹中工務店、フジタ、西松建設、銭高組、五洋建設、長谷工コーポレーションなど、普通ならば中小・中堅企業では相手にしてもらえないような建設業界の上位企業が並んでいます。また、手掛けた案件も、ユニバーサル・スタジオ・ジャパン、京都駅ビル、京セラドーム大阪、大阪ワールドトレードセンタービルディング、大阪証券取引所、京都迎賓館など、有名な建物がずらりと並びます。このような取引実績を築けた要因を尋ねると、「信頼しかない」と社長は答えました。社長は、「我々、もう信頼だけなんで。だってこうしてお客さんに『うちの品物これです』って見せるものが・持って行くものがないわけで。何もないところにモノを造るわけですから、その能力があるかどうかですから。人が集められるのか、品質のいいもんができるのか、工期に間に合わせられるのか、安全にやれるのか。それは相手方の見えない信頼しかないんです。」と語りました。この信頼を形成する要因については後述しますが、築き上げた信頼は、営業をせずとも仕事が舞い込んでくる仕組みにつながっています。P・F・ドラッガーの「マーケティングの理想は、販売を不要にすることである。マーケティングが目指すものは、顧客を理解し、製品とサービスを顧客に合わせ、おのずから売れるようにすることである」という言葉は有名ですが（Drucker [2001], p.17）、ダイフジはそれを経営として実現しています。社長は、「今、信頼してくれて、ゼネコンさんでも、『ちょっと高くてもダイフジで』っていうてくれるようになってるんです。他社と比較して相見積もり取ったら、『ダイフジちょっと高い』。その中で『高いけどダイフジに発注』してくれる会社が多いんで。そういう位置付けになったのが、一つはありがたいですね。」と語りました。

しかし、社長はこの型枠工の仕事に最初から取り組んでいたわけではなく、そこに至るまでには紆余曲折がありました。徳島県美馬郡の農家に生まれ、農家を手伝いながら、中学卒業後に始めた最初の仕事はバスの車掌でした。その後、親族の下で大工の見習いをして今の仕事の技術の基礎を習得しました。思い切って、キックボクサーになるために18歳から20歳の間東京へ出たこともあったといいます。ただ、大工の仕事以外はどの仕事も先が見え、将来に不安が残る状況だったそうです。社長は、大阪に戻り型枠大工としてやっていくことを決意し、21歳の時に4人の職人を連れて独立を果たしました。

創業間もない22歳の時に、事業で500万円の立替金が必要になった際に、支援をしてくれたのが、北おおさか信用金庫の前身の1つである豊中信用金庫でした。立替金の融資を申し入れたところ、預金・担保・保証人の有無等を確認され、保証人の名前以外は用意ができないということで、融資回答はNOであったといいます。そこで、社長は捨て台詞としてではなく、「信用金庫さんは、地元のこういう何もないものを育てていくことこそが、役割じゃないんですか？　って、いうて帰ったんです。素朴にそう思ったから、そう伝えて帰ったら、2時間ぐらいしたら支店長が家に来て。玄関開けたらこたつなんで、こたつに入って『もう一回奇麗に説明してみろ。どうして要るんだ』いうて、いろいろ説明した。『保証人、名前だけでもあるんだったら借りてみいや』いうことで、500万円貸してくれるようになって。」、「信用金庫の役割を果たしてくれたんじゃないかなと思うてます。どこの銀行行っても、そのパターンで500万円貸してくれることはあり得ない。支店長の英断でもあったんでしょうね。」と社長は語りました。

その後、短期資金を借りては返してを繰り返しながら事業実績を積み上げたダイフジは、今から10年ほど前に、帝国データバンクのランキングにおいて、全国に3，900ほどある型枠大工の登録事業者の中で初の全国一位を実現しました。ただ、後述しますが、ダイフジは売上高を経営上の目標としてはいません。また、社長も「それ（全国一位）を目指して最初からスタートしたわけやなくて、21～22歳の頃に独立したのは、『ちょっとましな飯、食いたいな』とか、『車も持てたらええな』、『家も将来持てたらええな』、『親に家も建ててあげられたらいいな』という素朴な思いでスタートしてるんで。30年前振り返ったら、その型枠の日本一を目指したかいうたら、絶対目指してないですし。いつの間にか、勝手になっとったっていうのが本音です。」と語ります。

今後の事業目標としては、関西は、万博やIR（統合型リゾート）が来るという想定のもとに、梅田北地域の二期工事なども含めて、建設業界の仕事の量は今後数年間にわたって増える見通しではありますが、その中で、小さい事業規模でも良いので、総合建築事業（ゼネコン）を手掛けたいとのことでした。今後、人口減少が見込まれる中で、住宅・マンション・学校・ビルなどの改修の需要が大きく想定され、（新築はもちろんですが）リフォーム事業に取り組める総合建築事業への進出を検討しています。

3　経営に対する理念・ビジョン・考え方

ダイフジが経営上こだわっているポイントは「健全な会社であること」です。「企業である限り、赤字を出すということは、世間に迷惑をかける結論になりますよね、最終的には。何が何でも、自分のことは自分で守るという姿勢は持ってますんで。」と社長が語るように、ゼネコンや金融機関が方向転換をしたとしても、自らの足で立っていることが何よりも重要だと考えています。事実、ダイフジは、オイルショック、バブル崩壊、阪神・淡路大震災、リーマンショック、東日本大震災と様々な外的危機を経験してきましたが、会社として一度も赤字を出していません。また、「今年より来年の方が厳しい。仕事の量も少ない、人も足りない、悪条件を揃えた想定をして計画を立てている」とも語っています。

健全な会社であることを実現する秘訣は、「仕事は量より質」だと考え、「売上ではなく、利益を企業としての目標としている」ことにあります。売上を目標にしようと思えばできるものの、ビジネスとしてのバランスが崩れてしまうため、創業から50年近くなりますが、ダイフジは売上を目標にしたことは一度もありません。ダイフジは収益認識基準として工事完成基準を採用しているため、進行中のプロジェクトを抱えていたとしても完成工事分に限った売上高が計上されることになります。そのため、売上高の期ごとの変動は大きくなりますが、このことは、売上高を経営目標としていないことの証左ともいえます。他方で、赤字になる仕事はしないという姿勢は、無理に仕事をとってこないということにつながります。ダイフジが営業用社員を置いていない（Sellingをしない）ことも、売上高を目標としていない経営姿勢と整合がとれているといえます。ビジネス上の信頼が仕事の受注につながると先述しましたが、その信頼を築く要因の1つに、「絶対に赤字転落しない企業である」ということがあると考えられます。赤字になれば、元請け・下請け（職人含む）への信頼に影響が出ます。その堅実経営の姿勢は、税務署から3期連続（15年間）で「優良申告法人[1]」に認定される形でもあらわれています。

4　事業の強みと弱み

ダイフジの事業上の強みは、1つは（経営理念とつながりますが）赤字になりにくい体質を構築していること、もう1つは、良い循環を回すためのキャッシュ・サイクルを築いている点にあります。

まず、固定費が極めて少なくなるような態勢をとっており不況に極めて強い点です。建設業として複数の建設現場を展開するために、ダイフジでは800名を超える人間が関与することになりますが、職人さんを社員形式や日当形式で雇用するのではなく、請負形式で外注する形を採用しています。そのため、仕事がある分だけ職人さんに支払う／仕事がなければ支払わないという形とし、800名近い人間が働いているのに、その人件費が固定費ではないという点が最大の強みだと社長は述べます。その結果、固定費は社員給料と役員報酬が主となり、何かがあったときには役員報酬をカットすれば対応できる体制を構築しています。

次に、職人さんへ外注費（報酬）の支払い形式として「先渡し方式」を採用している点です。工程上の担当をグループごとに割り振り、「ここの部分はあなたがたのグループの担当だ」と決めたうえで報酬を先渡しするそうです。職人さんは請負方式で報酬を受け取るため、安全に早く仕事を済ませれば1日当たりの報酬（日当）が上がり、かつ他の仕事を受注することができます。他方で、時間をかけて仕事をしてしまえば、1日当たりの報酬は下がり、他の仕事を受注できなくなります。

職人の働く意欲が高いほど（また、トラブルなく安全に進めるほど）、自分で追加的な日当を稼ぐことが可能な仕組みとなっています。この報酬の先渡し方式を採用することで、①職人が集まってくることとなり、工事案件に対して人を揃えることができる（ダイフジへの職人固定率が高くなる）、②職人のやる気を引き出し、質の高い仕事をする、③期日内で仕事が終わり、納期を守ることもできるといったことが可能となります。つまり、元請けに対しても下請け（職人含む）に対しても、信頼の醸成につながることとなるのです。

さらに、企業の資金繰りの面でも効果があります。職人への報酬等の外注費を先渡しすることで支払いは先行しますが、ダイフジの場合、それは受注した仕事（受注契約）があったうえでの話となります。そのため、たとえば、約2カ月後には大手ゼネコン等から引き受けた案件の入金がある形になり、後から大きなお金が入ってくるサイクルになります。したがって、受注する仕事が減ったり、事業を止めることになっても、常に「支払いは既に済んでおり、後から大きな入金がある」という楽な状態を築けているのです。

社長は、30歳の頃に現・北おおさか信用金庫から立替金の協力を得て、「脱・手形経営」に取り組んだといいます。手形の支払期限が迫り、手形決済のことを心配することは、精神衛生上良くなく、経営者としての経営判断を誤らせるおそれがあります。中小企業は、社長による決裁が早い分、スピーディーな経営が可能となりますが、誤った決裁をしてしまうと会社が傾くのも早いといいます。「脱・手形経営」もそうですが、職人への報酬を先払いにする姿勢も同様な観点から考案されたと考えられ、冷静に経営判断をするためのキャッシュ・サイクルを社として構築している姿が浮かび上がります。

弱みは、「働き方改革」の流れの中で、元請けの大手ゼネコンを中心に週休2日が徹底され、これが現場にも入ってきている点です。建設業界では、職人さんは働いた分が稼ぎになる仕組みであるため、休みたいと思っている人が少ないとされる中で、何日分はしっかり休めと言われ、「それによって人手が足りなくなる分は、外国人労働者を採用しろ」と言われている点です。ダイフジは、職人をしっかりと確保できてはいますが、今後の課題になりうると社長は指摘しました。

5　人材育成の取り組み、従業員の数・年齢構成

工事の現場責任者とは別に、毎日現場に常駐している「職長」（社員ではなく、外注先の責任者）に対して、「職長とはどうあるべきか」や安全衛生・技術面についての勉強会をダイフジでは開いています。また、社員については、数も多くないことから別段の勉強会のようなものは開いていないものの、日頃の会話の中で「元請けとの関係、職人との関係、予算書の組み方」などを常に教育しているといいます。２０１８年に、ダイフジの口コミを聞いて応募してきた大卒の新人を採用したそうです。学生時代の夏休み中に、工事現場の体験を経て「やれそうだ」という感覚を得た新人を社員とし、「3年間は職人の下でドロドロになって学ぶ」、「暑い日も、寒い日も、全部体験しな

ければいけない」という方針のもと、（ヒアリング当時で）1年半、休まずに現場に通い続けているそうです。3年間やりきったら、現場の進捗を監督するような社員の一員に加えていきたいと社長はいいました。その意味で、泥臭い仕事であり、人材を育てるのにとても時間がかかります。他方で、ダイフジでは社員全員の車をリースし、月5万円相当額まで会社で負担しているといいます。また、ガソリン代・ETC代も会社で負担する等、社員に対しては福利厚生面での投資も行っています。

6　後継者の育成・事業承継について

後継者の育成・事業承継について尋ねると、ゆくゆくは取締役を務めるご子息（ヒアリング当時37歳）を後継者にすることを想定しているとのことでした。また、現在の専務（ヒアリング当時51歳）に、将来のご子息の代の番頭役をするように教育もされているそうです。

7　会計分析

ダイフジの3期分（2016年度、2017年度、2018年度）の貸借対照表と損益計算書をもとに、財務面での特徴に言及します。[2]なお、業界平均値と比較するために、財務省が公表してい

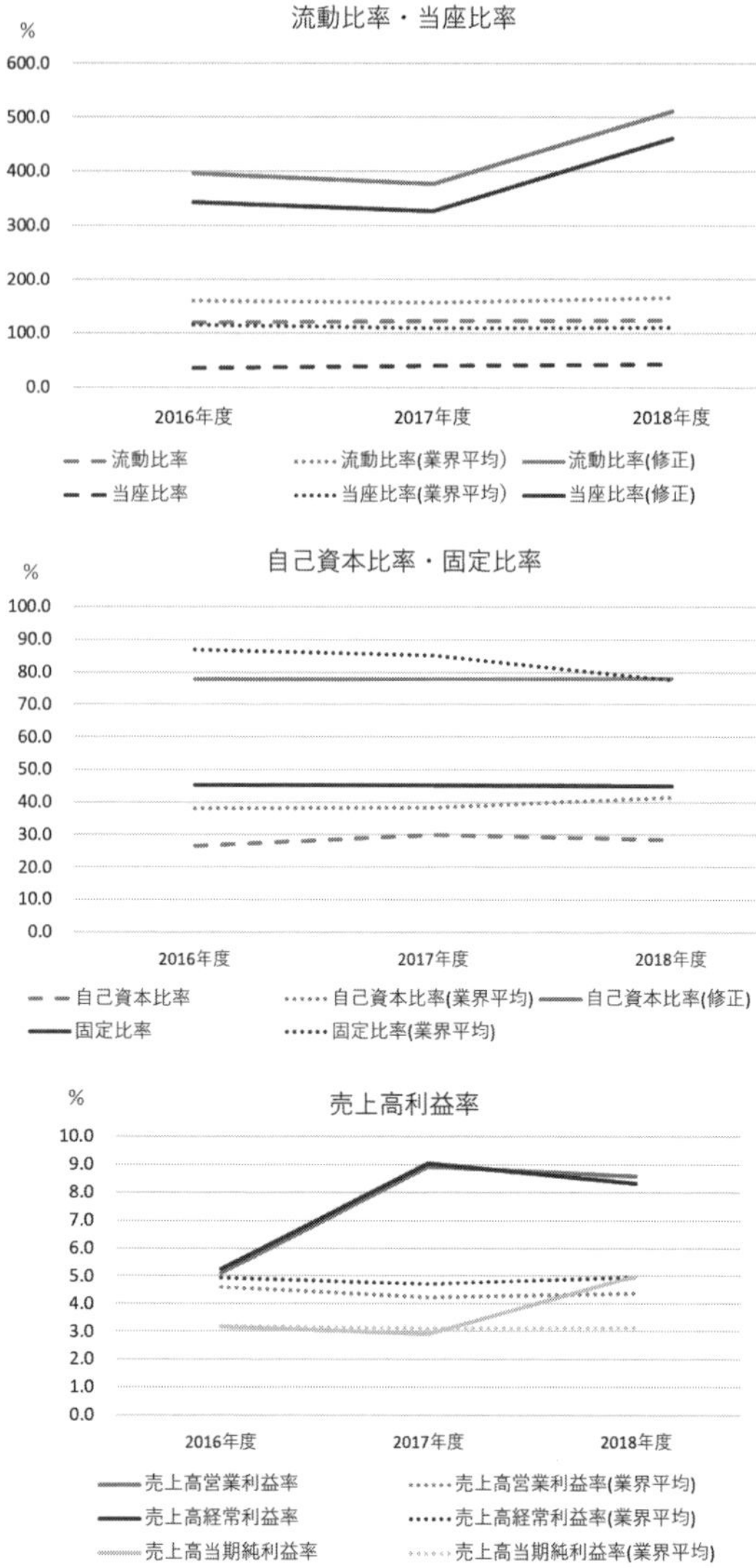

流動比率・当座比率
%
600.0
500.0
400.0
300.0
200.0
100.0
0.0
2016年度
2017年度
2018年度
流動比率
流動比率(業界平均)
流動比率(修正)
当座比率
当座比率(業界平均)
当座比率(修正)
自己資本比率・固定比率
%
100.0
90.0
80.0
70.0
60.0
50.0
40.0
30.0
20.0
10.0
0.0
2016年度
2017年度
2018年度
自己資本比率
自己資本比率(業界平均)
自己資本比率(修正)
固定比率
固定比率(業界平均)
売上高利益率
%
10.0
9.0
8.0
7.0
6.0
5.0
4.0
3.0
2.0
1.0
0.0
2016年度
2017年度
2018年度
売上高営業利益率
売上高営業利益率(業界平均)
売上高経常利益率
売上高経常利益率(業界平均)
売上高当期純利益率
売上高当期純利益率(業界平均)

図1　財務比率の推移

る『法人企業統計調査』のデータベースより、「建設業」の値を抽出し対比しています（**図1**）。

まず、ダイフジは、2016年度は無借金企業であり、2017、2018年度も現預金額が有利子負債を大幅に上回る「実質無借金経営」の状態にあります。また、4節でも言及しましたが、支払い先行の「資金ショートしない体制」を構築しており、倒産リスクに極めて強い体質をもつ企業です。次に、**図1**に示しましたが、経営分析上の安全性指標については、流動比率が120％前後（200％以上が望ましい／業界平均値110％前後）と、必ずしもテキスト的な理想水準や業界平均値を超えては望ましい／業界平均値160％前後）、当座比率は40％前後（100％以上がいません。しかし、これには長期請負工事の収益認識の会計基準に「工事完成基準」を採用していることが影響しています。流動比率や当座比率を求める際には、流動資産や流動負債といった項目を用いますが、「工事完成基準」を採用した場合、流動資産に未成工事支出金（未完成工事案件に対する支払い済みの費用）と、流動負債に未成工事受入金（未完成工事案件に対する受取り済みの収益）とが含まれています。ダイフジの場合、両項目が極めて巨額であり、「短期的な支払い能力を測る」という流動比率、当座比率の目的を達するためには、両項目を流動資産、流動負債のそれぞれから除去した値を用いた方が良いと考えられます。そこで、「未成工事支出金」と「未成工事受入金」を控除したうえで求めたものが、流動比率（修正）、当座比率（修正）です。両指標は、2018年度決算ベースはそれぞれ512％、461％の値を示しており、短期的な支払い項目に対して、十分な支払い能力を備えている姿が浮かび上がります。自己資本比率においても、ダイフジは30％前後（業界平均値40％前後）ですが、流動負債に対して同様な控除措置をとると、負債・純資産の合計に対する自己資本比率（修正）は78％前後と極めて高い数値を示しています。また、固定比率も45％（100％以下が望ましい／業界平均値80％前後）と低く、極めて良好な状態にあることがわかります。

次に、損益計算書から収益性指標について、各段階の利益の対売上高利益率を**図1**に示しています。売上高営業利益率、経常利益率ともに業界平均値を大きくOverperformしていることが読み取れます。また、当期純利益率についても、2018年度に大きく業界平均値に対して超過することに成功しています。

8　まとめ

ダイフジは、元請け企業・下請け企業に対して「信頼」を築き上げここまでの成功を成し遂げてきましたが、「職人が集まる／質の高い仕事をする／安全に取り組む／納期を守る」などを実践可能とする背後には、絶対に赤字にならない「堅実な経営の実践」と「職人報酬や外注費の先払い方式」が生み出すキャッシュ・サイクルがあることが明らかとなりました。

謝辞：調査に際しては、ダイフジの代表取締役社長である藤原安雄氏にヒアリング調査および資料提供において全面的な協力を得ました。また、北おおさか信用金庫にも顧客企業であるダイフジを「高い事業性評価」の企業として紹介していただき、調査日程の調整等で協力を得ました。記して感謝の意を表します。

注

［1］優良申告法人とは、5年に一度の税務調査において、経営内容が優良であり、適正な申告が行われ、かつ将来にわたり適正申告が期待できると認められた企業を選別認定し、表敬する制度をいいます。

［2］非公開の建設業企業にとって、会計数値が重要になる局面は、融資審査や（元請けである場合）経営事項審査等であり、それに通過することが第一義的に重要です。なお、経営事項審査とは、国・地方公共団体等が発注する公共事業を直接請け負おうとする場合に、競争入札に参加しようとする建設業者が、必ず受けておかねばならないとされる資格審査のことをいいます。

参考文献・資料

Drucker, P. F. [2001], *The Essential Drucker: The Best of Sixty Years of Peter Drucker's Essential Writings on Management*, Harper Business（上田惇生訳『マネジメント［エッセンシャル版］―基本と原則―』、ダイヤモンド社、２００１年）。

Palepu, K. G., P. M. Healy, and V. L. Vernard [2000], *Business Analysis & Valuation: Using Financial Statements Second Edition, South-Western Educational Publishing*（斎藤静樹監訳、筒井知彦、川本淳、八重倉孝、亀坂安紀子訳『企業分析入門（第2版）』、東京大学出版会、２００１年）。

財務省（２０２０）『平成30年度法人企業統計調査』

徳島新聞（２０１７）「新天地を求めて 県人創業物語 ダイフジ（大阪府豊中市）上」２０１７年7月25日朝刊8面。

徳島新聞（２０１７）「新天地を求めて 県人創業物語 ダイフジ（大阪府豊中市）下」２０１７年7月26日朝刊8面。

有限責任あずさ監査法人（２０１０）『建設業の会計実務』中央経済社。

6章

〈北大阪の元気企業の事例報告6〉

個人の技術を最大限に生かしたマイクロビジネス
しょうへいの焼売

追手門学院大学経営学部教授　村上 喜郁

1　調査の概要

2019年4月26日（金）14時より1時間程度、中華料理テイクアウト専門店「しょうへいの焼売」の事業主、井上昌平氏に同店内にてインタビュー調査を実施しました。

【企業概要】
会社名：中華料理テイクアウト専門店「しょうへいの焼売」
事業主：井上昌平
所在地：大阪府三島郡島本町水無瀬2－3－6

事業資金：自己資金500万円、信用金庫借入金500万円（北おおさか信用金庫）
従業員数：1名（本人のみ。繁忙時は、妻と娘が手伝い）
設　　立：2018年6月
創 業 者：井上昌平
営業品目：中華料理テイクアウト専門店
業務内容：中華総菜・弁当の製造販売
営業時間：11時～14時30分、16時～20時（定休日：月曜日、祝日の場合は火曜日）
ホームページ：http://shohei.smafo.biz/

2　企業および事業の沿革

事業主の井上昌平氏は、2018年4月に前職であるホテル中華料理店料理長を退職し、この店の開業準備を始めた時点で、33年間ホテル他での中華料理の調理歴がありました。開店資金に関しては、北おおさか信用金庫の開業セミナーを経由して、同信用金庫からの創業支援を受けています（融資額は500万円、7年で完済予定）。2018年6月に阪急水無瀬駅より徒歩2分の場所に、中華料理テイクアウト専門店「しょうへいの焼売」を開業しました。

「しょうへいの焼売」の基本戦略は、価格戦略と差別化戦略にあります。まず、価格戦略ですが、開業から半年経過あたりで、「原価重視の戦略（原価率30～35％以下を守る）」から「品質重視の差別化戦略（良質の素材を先に決め、価格をそれに合わせて決定する方法）」にシフトしました。例えば、からあげ6個、３００円を５００円に変更しています。この戦略変更は、井上氏の旧友で阪急水瀬駅前の有名和菓子店「和菓子処 月ヶ瀬」の店主との会話の中で想起したものであると聞きました。

次に差別化戦略です。「しょうへいの焼売」は街の中華総菜店ではありますが、品質、すなわち素材の美味しさにもこだわっています。材料に、「京都ぽーく[1]」や「紀州うめどり[2]」（当時）などのブランド肉を採用し、家庭菜園で栽培した新鮮な野菜等も活用しています。この美味しさにこだわった攻めの価格戦略と差別化戦略により、結果的として客単価は確実に上昇しました。

3　経営に対する理念・ビジョン・考え方

井上氏は、自身の地元である大阪府三島郡島本町で、「共働き世帯の食卓や家呑みの充実―笑顔になる料理を提供する店」をコンセプトに、中華料理テイクアウト専門店「しょうへいの焼売」を出店しました。当該店舗は、注文を受けてから調理する温かい中華総菜・弁当の中華料理テイクアウト専門店となっています。この業態は日本では珍しく、大手企業での同業態の出店は、百貨店の食品コーナー等のみに限られているのです。また、事業主の地元への出店は、自身の地元の地域振興に少しでも貢献したいという、事業主の考えを反映したものであるといえるでしょう。

4　事業の強みと弱み

この店の強みは、調理をおこなう事業主の有名ホテル他で培った中華料理の調理技術です。また、大手百貨店でのホテル総菜事業料理長を経験したことで、総菜に関する知見も豊富でした。そして、最小の資金での操業を目指した「マイクロビジネス志向[3]」で、事業のリスクを最小化しています。つまり、この事業は、事業主である井上氏自身の能力をフルに活用するビジネスモデルであるともいえるのです。

さらに、出店に関しては、井上氏の地元の島本町を選択した地元志向であるといえます。近隣には高槻市駅前などの繁華街もあり、商売上の売り上げという点だけを見れば、より有利な立地に出店するという選択肢もあったと思われます。しかし、事業主の地元への貢献の志から、島本町への出店が選ばれました。事業主が生まれ育った地域への出店により、地元の旧知の友人等を中心としたネットワークを生かせたことが、この店のもう一つの強みとなっているのです。実際に、出店場所に関しても、氏の旧友である不動産業者に相談し、出店場所を決めたそうです。

井上氏は高校卒業までを島本町で過ごし、地元では「しょうへい」さんとして知られています。

これを意識して、「しょうへいの焼売」の屋号をつけたとのことです。また、屋号としては珍しい「焼売」を推しているのは、餃子や肉まん（関西での豚まん）などよりも、差別化された商品が関西では展開されていない（例えば、関東での崎陽軒のように）ことから、本物の「焼売」を売りとしています。

事業ドメイン設定としては、中華料理テイクアウト専門店というカテゴリーは珍しく、この点でも差別化が図られています。「しょうへいの焼売」の直接競合としては、スーパーマーケット総菜（グルメシティ水無瀬店、生協コープこうべ島本等あり）や近隣の弁当店（店前にほっかほっか亭水無瀬駅前店、水無瀬駅前に本家かまどや水無瀬駅前店あり）が想定されます（図1参照）。ここでは、スーパーマーケット総菜に対しては、作り立ての温かさと品質の高さで、弁当店に対しては、品質の高さで対抗する戦略をとっているのです。まさにこれは、井上氏のホテル中華料理店料理長、百貨店でのホテル総菜事業料理長の経験を生かしたものであるといえるでしょう。

あえて、弱みを挙げるならば、井上氏にすべてを頼ったビジネスであることでしょうか。ただし、現状の経営理念などから考えると、事業主自身が事業の拡張や発展を強くは望んでおらず、事業主の健康が続く限り継続可能なマイクロビジネスとして、一つの理想形であるかもしれません。

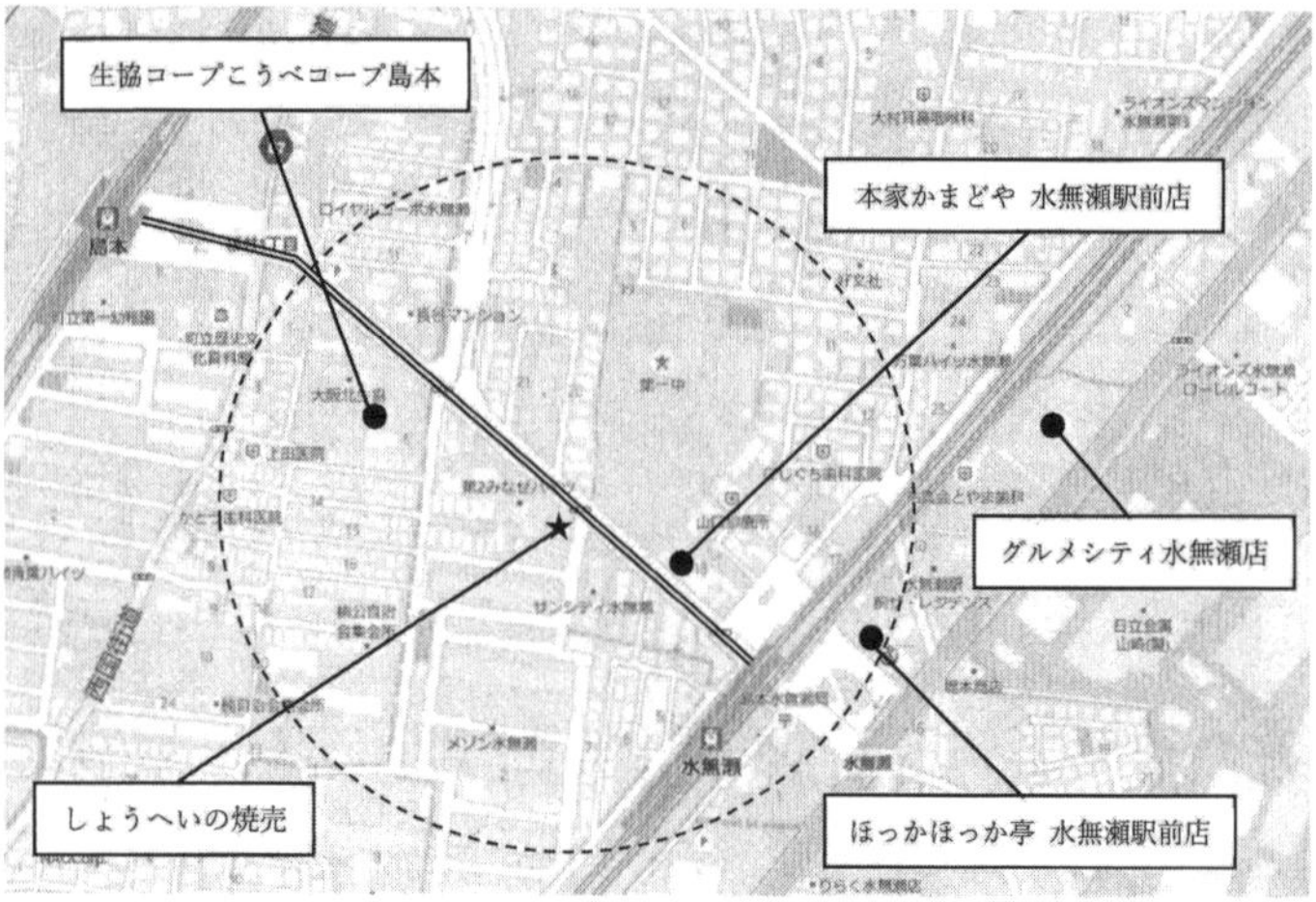

図1　しょうへいの焼売
注：点線の円は、直径500mになっている。

5　今後の事業目標

「しょうへいの焼売」は、近々の課題として、中華料理のテイクアウト事業から派生して、配達・出前、ケータリング事業への展開を模索しているそうです。レストラン形態やチェーン化等は、現段階ではまったく志向していません。これは、極めて堅実な経営姿勢であるとも見ることができます。

6　人材育成の取り組み、従業員の数・年齢構成

基本的に、事業主である井上昌平氏が調理・会計などのすべてを担当しています。夕方以降の営業時間は、井上氏の妻が補助に入ります。また、繁忙の土日には、事業主の娘さんがアル

バイトとして入っているそうです。基本的に家族経営であり、現状で社員、アルバイト等を雇用する予定はありません。加えて、後継者の育成や事業承継についても、予定はありません。これらの点でも、事業の拡張や発展よりも、継続可能性を重視した事業であると判断できるでしょう。

7 まとめ

最後に少しだけ、本章の内容をまとめておきましょう。まず、「しょうへいの焼売」の事業は、事業主の井上氏の能力・人脈をフルに生かしたマイクロビジネス志向の極めて堅実な事業展開であるといえます。近隣には、高槻駅周辺等の集客立地に優れた場所も存在するにもかかわらず、井上氏一人の力で、持続的に切り盛りできる範疇を見極め、地元密着と家族経営に徹することで、事業リスクを最小化した創業のスタイルを確立しました。また、個人としてのビジネスというだけでなく、自身の出身地である島本町の振興への志向も垣間見られます。この点で見れば、単なる飲食店の独立開業というよりも、「飲食マイクロビジネス」と評価した方が適切であるかもしれません。「しょうへいの焼売」は、被雇用の料理人として、長年の間、調理の実力を培った者が創業するビジネスとして、一つの理想的な形であるといえるのです。

注

[1] 京都府HP「ブランド畜産物 京都ぽーく」
https://www.pref.kyoto.jp/chikusan/pork.html

[2] 紀州うめどり・うめたまご協議会「紀州うめどり・うめたまごとは?」
http://www.umedori.com/aboutumetamago.html
現在は、鳥取県の「大山(だいせん)どり」を使用しています。
株式会社大山どりHP「大山どりとは」
https://daisendori.co.jp/?page_id=531

[3] 平成10年度通商産業省 委託調査報告書「サービス産業系マイクロビジネスに関する調査」
マイクロビジネスとは、「①小さなビジネス=零細企業、個人事業主等の小規模事業者、②現在、知識集約型の起業家による専門型の対事業所、対個人サービス業が増加」している。その意義としては、「①個人的な意義:個人の自己実現、②ビジネス上の意義:ニッチマーケットを抑え、多様な顧客の便益を向上させる、③社会的な意義:総体として社会活力を強化」が挙げられます。

7章

〈北大阪の元気企業の事例報告7〉

フィリピンでの事業を契機とした創発的多角化

南方物産株式会社

追手門学院大学経営学部教授　村上 喜郁

1　調査の概要

2019年10月23日（水）約1時間半程度、南方物産株式会社（以下、南方物産）代表取締役社長であり、N・T・グループ代表の高橋信行氏に対して、ヒアリング調査を実施しました。また、会社パンフレットおよび組織構成について分かる資料をご提供いただき、分析に活用しました。

調査対象に関してですが、当初、「南方物産株式会社」を調査対象と想定していたのですが、実際には「N・T・グループ」全体を対象とした方が適切であると、調査対象を変更しました。というのも、南方物産から派生し、多角化した事業展開こそが、本調査のポイント（元気企業である理由の一つ）であると考えられるからです。

【企業概要】
会 社 名：南方物産株式会社（N・T・グループ）
代 表 者：N・T・グループ代表・南方物産株式会社　代表取締役社長　高橋信行
所 在 地：大阪府大阪市北区梅田1－2－2－1000　大阪駅前第2ビル
資 本 金：1，000万円（南方物産株式会社）
従業員数：グループ社員1，256名（2019年1月現在）
設　　立：1978年（昭和53年）2月1日
業務内容：南方物産株式会社は電子部品卸が中心、仕入先はグループ企業のN・T・フィリピンズ株式会社。この事業から派生し、外国人人材育成・派遣業他へとN・T・グループとして多角化

2　企業の沿革と事業内容

N・T・グループの中核を成している南方物産は、親会社日本ペトロ株式会社の化学薬品輸入を担う会社として、1978年に高橋信行氏によって創業されました。南方物産は当初、グループ会社である日本ペトロへ納入する化学薬品他、マンゴーや葉巻、レアメタルを取り扱い品目とした商

社でした。ところが、1998年当時、売り上げの8割程度を占めていたレアメタル（主にニッケル、コバルト）取引先問屋の倒産という危機を迎えたのです。そこで、これを契機に1989年に既にフィリピン共和国に設立していたN・T・フィリピンズ株式会社（旧：Nampow Philippines Inc. 1994年に改称。以下、N・T・フィリピンズ）を足掛かりとして、N・T・グループとして大きく事業形態を変更しました。

現在のN・T・グループは、「電子部品の製造・販売」と「人的交流・人材育成と派遣」の2つを事業の軸としています。そして、その共通項、キーとなるのは「フィリピン」なのです。

一方の「電子部品の製造・販売」事業は、前出の南方物産とN・T・フィリピンズ株式会社（資本金1，500万ペソ）が主に担っています。フィリピン共和国カビテ州経済特区に所在するN・T・フィリピンズは、日米欧のメーカーに対して、電子部品・半導体等の組立てならびに検査業務を提供しています。すなわち、N・T・フィリピンズは、N・T・グループ「電子部品の製造・販売」の「製造」の核となっているといえるのです。同社は1994年にカビテ州輸出加工特区に移転し、2008年には同所に第2工場が操業開始しています。ISO9001、ISO14001を取得し、クリーンルーム10Kに対応したクリーンルームを持つなど、N・T・グループの製造部門を一手に背負っています。これにより、南方物産は元来の商社機能に加え、N・T・フィリピンズ工場の営業、財務、管理業務を主要な業務とすることになったのです。

他方の「人的交流・人材育成と派遣」事業では、まず、1988年に協同組合BMサポートセン

表1　N.T.グループ略年表

1956年	大阪市北区にて日本ペトロ株式会社を設立
1976年	グループ主要会社を現在の所在地（大阪市北区梅田、大阪駅前第2ビル）に移転
1978年	南方物産株式会社を設立
1988年	協同組合BMサポートセンターを開設
1989年	フィリピン共和国マニラ首都圏マニラ市にNampow Philippines Inc.（南方物産の関連会社）を設立
1993年	Nampow Philippines Inc.が生産数拡大のためマニラ市からパラニャーケ市に移転
1994年	Nampow Philippines Inc.が生産数拡大のためカビテ州の輸出加工特区に移転、N.T.フィリピンズ株式会社に社名変更
2004年	トロピカル・パラダイス・ヴィレッジ（日本人高齢者向け介護付き居住区画）をフィリピン共和国スービック港湾都市に開設
2005年	N.T.ランゲージ・アカデミー株式会社（南方物産の関連会社）を設立
2007年	Personal Ability Development財団（日本語教育機関）をフィリピン共和国マニラ首都圏モンテンルパ市アラバンに創設
2008年	N.T. Philippines Inc.がカビテ州の輸出加工特区内にて第2工場の操業を開始
2011年	N.T.ランゲージ・アカデミー株式会社が「Brent English Online」（オンラインSkype英会話サービス）を提供開始
2014年	N.T.センタービルがモンテンルパ市に竣工、現地法人本部を同所に移転 N.T.ランゲージ・アカデミー株式会社から人材派遣部門を新会社N.T.トータルケア株式会社として分離
2015年	N.T.ランゲージ・アカデミー株式会社が「NTLIフィリピン留学」（フィリピン短期語学留学サービス）を提供開始
2019年	N.T.トータルケア株式会社が出入国在留管理庁より特定技能制度における登録支援機関（登録番号：19登-001084）に認定される TAI-FILマンパワー株式会社をフィリピン共和国マニラ首都圏モンテンルパ市に設立

出所：企業パンフレット「N.T.GROUP CORPORATE GUIDE」を中心に加筆修正。

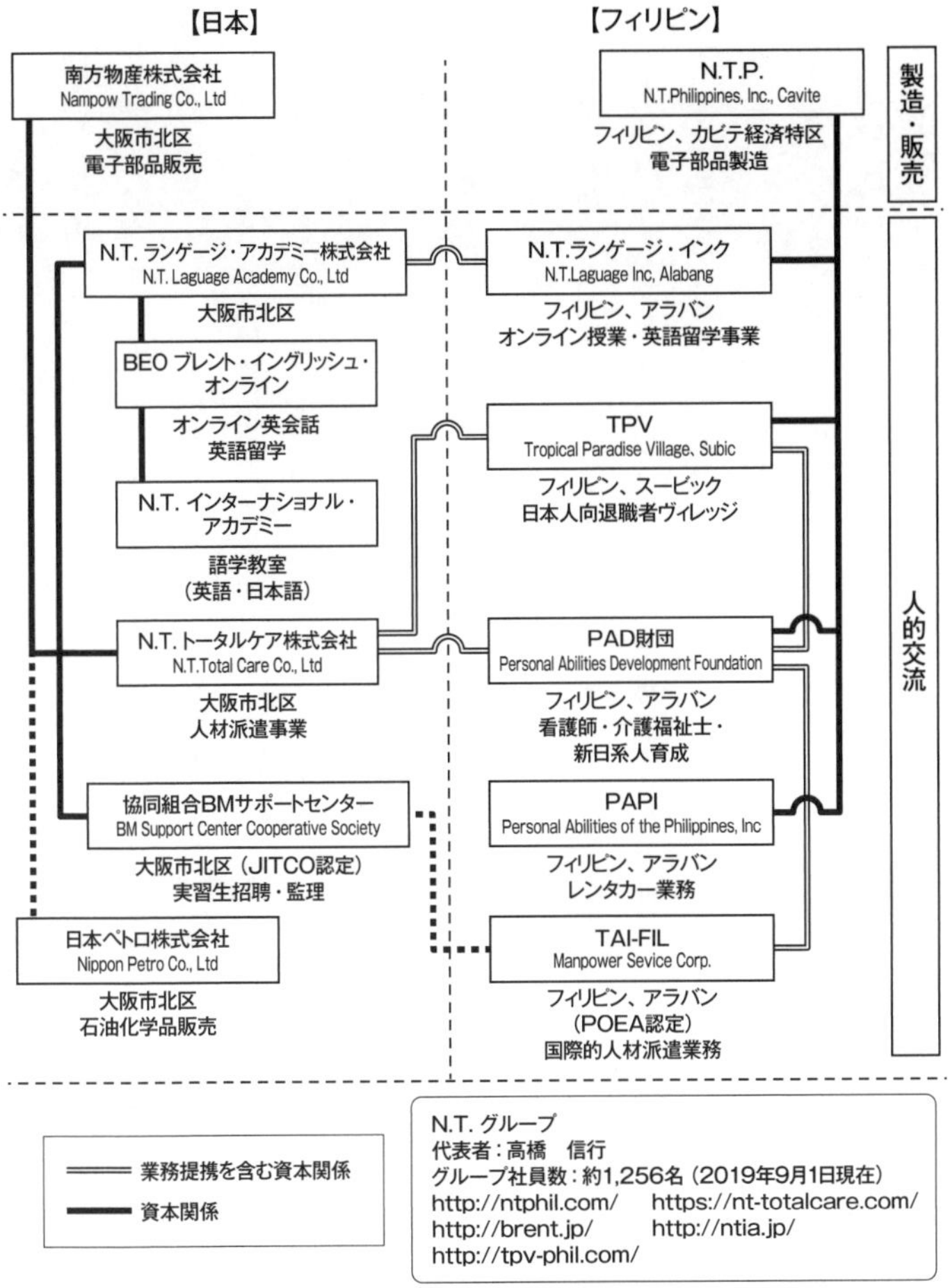
【日本】
【フィリピン】
南方物産株式会社
Nampow Trading Co., Ltd
大阪市北区
電子部品販売
N.T.P.
N.T.Philippines, Inc., Cavite
フィリピン、カビテ経済特区
電子部品製造
製造・販売
N.T. ランゲージ・アカデミー株式会社
N.T. Laguage Academy Co., Ltd
大阪市北区
N.T.ランゲージ・インク
N.T.Laguage Inc, Alabang
フィリピン、アラバン
オンライン授業・英語留学事業
BEO ブレント・イングリッシュ・オンライン
オンライン英会話
英語留学
TPV
Tropical Paradise Village, Subic
フィリピン、スービック
日本人向退職者ヴィレッジ
N.T. インターナショナル・アカデミー
語学教室
（英語・日本語）
人的交流
N.T. トータルケア株式会社
N.T.Total Care Co., Ltd
大阪市北区
人材派遣事業
PAD財団
Personal Abilities Development Foundation
フィリピン、アラバン
看護師・介護福祉士・
新日系人育成
協同組合BMサポートセンター
BM Support Center Cooperative Society
大阪市北区（JITCO認定）
実習生招聘・監理
PAPI
Personal Abilities of the Philippines, Inc
フィリピン、アラバン
レンタカー業務
日本ペトロ株式会社
Nippon Petro Co., Ltd
大阪市北区
石油化学品販売
TAI-FIL
Manpower Sevice Corp.
フィリピン、アラバン
（POEA認定）
国際的人材派遣業務
業務提携を含む資本関係
資本関係
N.T. グループ
代表者：高橋　信行
グループ社員数：約1,256名（2019年9月1日現在）
http://ntphil.com/
https://nt-totalcare.com/
http://brent.jp/
http://ntia.jp/
http://tpv-phil.com/

図1　N.T.グループ相関図

出所：企業パンフレット「N.T.グループの人材育成・派遣プログラム」より。

ター（資本金1，376万円）が異業種協同組合として設立されました。2004年から同組合は、外国人技能実習生[1]共同受け入れ事業を開始しています。同年には、フィリピンのスービック港湾都市に、リタイアメントした日本人高齢者向け介護付き宿泊施設（居住区画）であるトロピカル・パラダイス・ヴィレッジを開設しました。2008年の「看護師・介護福祉士候補者の受入れを含む日・フィリピン経済連携協定」[2]発効以降は、介護福祉士試験受験等で渡日するフィリピン人の介護実務・社会人教育のOJT（On-the-Job Training）の場ともなっています。

また、教育事業では、2005年設立のN・T・ランゲージ・アカデミー株式会社（以下、N・T・ランゲージ・アカデミー。資本金900万円）と2014年設立のNTLI（N.T. Language Inc.：資本金400万ペソ）が、それぞれ日本とフィリピンにおける英語教育・専門教育をおこなっています。この2社は、日本とフィリピンのカウンターパートとなっているのです。日本を起点としてみた場合、N・T・ランゲージ・アカデミーは日本からフィリピンへの英語留学生の送り出しをおこない、NTLIはフィリピンでの専門的教育と技術の向上を目的とした機関（TESDA（the Technical Education and Skills Development Authority）の認定校）としてそれを受け入れます。また、N・T・ランゲージ・アカデミーは、先に紹介した経済連携協定（EPA：Economic Partnership Agreement）に沿ったフィリピンからの人材向けに介護福祉士国家試験講座を開設しています。

フィリピンでの人材教育に注目すれば、2007年、アラバンにPAD財団（Personal Ability

Development Foundation：資本金100万ペソ）を設立し、日本人とフィリピン人の間に生まれた新日系フィリピン人（JFC：Japanese-Filipino Children）の日本語教育や生活自立支援活動にも取り組んでいます。当該財団は、日本で働くことを希望する人材への日本語教育や日本の文化習慣に関わる教育等に加え、新日系人が日本で働くために必要となる戸籍謄本などの書類入手、日本での定住支援等もおこなっているのです。さらに、より具体的な人材派遣においては、2000年設立のTAI－FILマンパワー株式会社（資本金650万ペソ）が、フィリピンを中心としたアジア諸国からの日本への人材斡旋をおこなう形をとっているのです。

そして最後に、これら人材育成事業の出口を担うのが、N・T・トータルケア株式会社（以下、N・T・トータルケア。資本金2,000万円）です。N・T・トータルケアは、N・T・ランゲージ・アカデミーから人材派遣部門を新会社として分離して設立されました。同社は、特定技能制度における登録支援機関の認定（登録番号：19登－001084）を受けた事業者、有料職業紹介事業許可（27－ユ－301742）、労働者派遣事業許可（派27－302052）を持つ事業者であり、日本国内で特定技能外国人支援事業、有料職業紹介事業、労働者派遣事業等をおこなっています。

N・T・グループは、フィリピンでの電子部品製造事業の創業を契機に、そこから派生した課題を自社で解決する形で創発的に多角化した企業グループ（全体像は、**表1**、**図1**にまとめられています）なのです。この創発性に関わる意思決定が、いかなる理念の下におこなわれたかは、次節で述べます。

3　経営に対する理念・ビジョン・考え方

最初に、N・T・グループの定める「経営理念」、「ミッション」、「ビジョン」について紹介します。

「経営理念」：人材育成と人的交流を通じて、明るく豊かな社会の実現に貢献します。

「ミッション」：知力と想像力を結集し、様々なサービスを通して、意欲ある人材に、活躍の場を提供します。

「ビジョン」：Live on today, Look tomorrow！（明日のために、今日できることに全力で挑戦しよう！）

ここから分かることは、N・T・グループは商社・製造業から始まったものの、現在に至るまでに「人材育成と人的交流」に重点をシフトし、グループ事業全体を推し進めようと志向している点です。また、インタビューでは、日本における「労働人材の不足」、外国人労働者との日本での「共生」、新日系人の「自立」などのキーワードが繰り返し語られました。すなわち、日本経済の抱える問題や海外における労働問題など大きな課題に注目し、極めて高い「志」を持ち、その中で現実的な需要を見出して、問題解決に資する事業を創発的に立ち上げ多角化することで、現在のN・T・

グループが創り上げられたと見ることができるのです。この点で、企業の「経営理念」を形式的な理念に止めず、具体的な形で実現し事業化したN・T・グループは大阪発の注目すべき企業と言えるのです。

4　事業の強みと弱み

N・T・グループの強みは、「人材育成」と「人材派遣」を一体として考え、フィリピンと日本を中心に、人材の募集、育成・教育、派遣を一貫して実施できる機関をトータルパッケージとして有している点であると考えられます。前節で示したように、同グループは商社・製造業から始まり、その成長の過程で「人材育成と人的交流」に注力することで、グループ事業全体として「人材育成」と「人材派遣」を軸とした事業群を創り出しました。国家レベルあるいは世界レベルの経済・労働問題を意識し、そこから具体的な需要を見出し、創発的に事業化し続けることで、日本とフィリピンをつなぐ総合的な「人材」活用企業グループとなったのです。

また、最初の進出先がフィリピンであったことも、結果としてN・T・グループの強みとなっています。フィリピン共和国[3]は、経済体制としては資本主義、政治体制としては立憲共和制・議会制民主主義国家です。前出のような日比経済連携協定も結ばれているように、日本との外交関係も比較的良いといえます。この点で、日本とは異なる経済・政治体制の国と比べ国家として安定的で、ビジネスもおこないやすいのです。教育においても、5歳~17歳を対象とした初等・中等義務教育、その後は高等教育機関として、大学4年制（工学部は5年制）、大学院2年以上、その他技術職業訓練校があります。[4]大学への進学率は、2010年代中盤以降、およそ30%程度で推移しており、[5]教育水準は極めて高いのです。結果として、フィリピンは世界最大クラスの労働力輸出国となり、全フィリピン国民の10%程度である1,000万人が海外での労働に従事しているという統計もあります。その理由をJETROのレポート[6]は、「若年層の高い人口比率と失業率」、「世界的にも高い英語力」、「充実した政府のサポート」であると分析しています。一方で、こと日本でフィリピン人労働者が働くという点では、「日本語の習得」は大きな問題となっています。フィリピン人の英語能力は極めて高い一方で、フィリピン国内での日本語教育は一般レベルで広く行き渡っているわけではなく、日本で働く場合、必ずといってもよいほど「日本語の習得」が課題となります。[7]しかし、これこそがN・T・グループの強みとなっているのです。というのも、いち早く製造業でフィリピンに進出し、そこでの問題を解決するために、自前の日本語教育機関を持ち、さらに事業として多角化してきたからなのです。結果として、他社にはない日本とフィリピンをつなぐ「人材育成」と「人材派遣」のトータルパッケージング事業を構築しました。この点が、機能面におけるN・T・グループの強みの1つであるといえます。

ただし、他方からみれば、この強みが弱みになる可能性も秘めています。フィリピンに大きく傾斜した事業群は、何らかの理由でフィリピン側に国家的レベルでの問題が生じた場合、グループ事業全体に影響を与えることが想定されます。Ｎ・Ｔ・グループにとって、フィリピンのカントリーリスクは常に意識しなければならない問題と考えられるのです。

5　人材の採用・人材育成の取り組み

Ｎ・Ｔ・グループでの採用は中途採用が中心であり、現在、管理職向けに特別な人材育成プログラムを持っているわけではありません。工場部門での人員を除くと、グループ社員の人数は１００人程度であり、風通しを良くし、意見のいえる環境を作ることが意識されています。特に毎月最終木曜日には、すべてのグループ組織の最高責任者とそれに準ずるレベルの役職者が一堂に会した（フィリピン、また本社である大阪以外の地域からの参加は、リモート会議システムを使用）「ガバナンス会議」と「全体会議」が定期的に開催されているのです。

会議構成は、「ガバナンス会議」がグループ代表である高橋氏を除いた役職者、「全体会議」が高橋氏を含めた役職者でおこなわれています。会議に関する聞き取りにおいて、高橋氏から何度か〝argue〟という言葉が聞かれました。これは、「議論」や「主張」という意味合いです。つまり、この会議体では、構成員の意見の発露、議論や話し合いを重視しているということが分かります。現時点では、グループ全体において大きな最終意思決定は、基本的に代表である高橋氏がおこなっています。また、各組織の責任者への指導も同様です。この点で、高橋氏の影響力は極めて大きいといえるでしょう。そこで、グループ内で広く議論し、多くの意見を取り入れるために、高橋氏を構成員に含んだ会議（全体会議）と含まない会議（ガバナンス会議）を設定し、意見のいえる組織、風通しの良い組織を志向していると見ることができるのです。ここに、Ｎ・Ｔ・グループの「実践・ＯＪＴ」を通した人材育成の取り組みが見て取れます。

6　後継者の育成・事業承継について

現在、日本での事業、日本ペトロ、南方物産、Ｎ・Ｔ・ランゲージ・アカデミーの代表を高橋信行氏が務めています。そして、もう一つのＮ・Ｔ・グループの中核企業、Ｎ・Ｔ・トータルケア社長は、高橋氏のご子息である高橋太朗氏が担っています。今後の事業承継においては、高橋太朗氏を中心として、外部からの人材を含めた事業の承継が想定されているそうです。

7　まとめ

Ｎ・Ｔ・グループの事業の外形的特徴は、フィリピンを軸とした多角化による事業拡大にあります。しかしながら、この多角化は単純にフィリピンという国だけから派生したというものではありません。南方物産の創業者である高橋信行氏の社会に向けた広い視野、日本と海外における労働問題など大きな課題に着目し、極めて高い「志」を持ち、その中で現実的な需要を見出して、創発的に事業を立ち上げた多角化こそが、N・T・グループの特徴の本質であるといえるのです。その過程では、グループ事業として必要となる機能を有する機関を株式会社という形にこだわることなく、適切な形態と適切な所在地に設置してきました。日本とフィリピンにおける、株式会社、協同組合、財団の設立、そして、既存会社からの分社化の手法を見ると、そのことが分かるでしょう。もちろん、その過程での試行錯誤や逡巡というものも所々で見られました。しかし、企業としての利益の獲得以外の目的である「社会問題解決」への視線が、N・T・グループの大きな方向性を示し、創発的に現在の事業群を創造したと考えられます。結果として、N・T・グループは、他社には見られない日本とフィリピンをつなぐ「人材育成」と「人材派遣」の総合的事業体を構築したのです。

N・T・グループ主要組織HP

N・T・トータルケア株式会社　https://nt-totalcare.com/
N・T・フィリピンズ株式会社（N.T. Philippines, Inc.）http://www.ntphil.com/
N・T・ランゲージ・アカデミー株式会社（N・T・インターナショナル・アカデミー）http://ntia.jp/
協同組合BMサポートセンター　https://bmsupport.net/
Tropical Paradise Village, Inc.　http://www.tpv-phil.com/
PAD財団　http://padfoundation.com.ph/
NTLI　https://www.ntli-ryugaku.com/

注

[1] 外国人技能実習制度は、1960年代後半頃から海外の現地法人などの社員教育としておこなわれていた研修制度を原型とし、

１９９３年に制度化されたものです。技能実習制度の目的・趣旨は、日本で培われた技能、技術又は知識の開発途上地域等への移転により、当該開発途上地域等の経済発展を担う「人づくり」に寄与するという、国際協力の推進であるとされています（制度の目的・趣旨は１９９３年に技能実習制度が創設されて一貫し、技能実習法には、基本理念として「技能実習は、労働力の需給の調整の手段として行われてはならない」（法第3条第2項）と記されている）。

国際人材協力機構ＨＰ「外国人技能実習制度の概要」https://www.jitco.or.jp/

［2］厚生労働省「フィリピン人看護師・介護福祉士候補者の受入れについて」
https://www.mhlw.go.jp/stf/seisakunitsuite/bunya/0000025247.html

［3］外務省「フィリピン共和国（Republic of the Philippines）」基礎データ
https://www.mofa.go.jp/mofaj/area/philippines/index.html

［4］外務省「諸外国・地域の学校情報：フィリピン共和国」
https://www.mofa.go.jp/mofaj/toko/world_school/01asia/infoC11400.html

［5］Eric Roach (2018) World Education News +Reviews "Education in the Philippines"
https://wenr.wes.org/2018/03/education-in-the-philippines/print/

［6］坂田和仁（２０１９）「世界最大の労働力輸出国フィリピンの現状と課題（前編）」日本貿易振興機構
https://www.jetro.go.jp/biz/areareports/special/2019/0303/390d9735f469d1f6.html

［7］坂田和仁（２０１９）「世界最大の労働力輸出国フィリピンの現状と課題（後編）」日本貿易振興機構
https://www.jetro.go.jp/biz/areareports/special/2019/0303/85697e6d1290422e.html

執筆者一覧

水野《ミズノ》　浩児《コウジ》　追手門学院大学経営学部学部長　教授　修士（法学）

石盛《イシモリ》　真徳《マサノリ》　追手門学院大学経営学部教授　博士（人間科学）

村上《ムラカミ》　喜郁《ヨシフミ》　追手門学院大学経営学部教授　博士（商学）

朴《パク》　修賢《スーヒョン》　追手門学院大学経営学部教授　博士（経営学）

宮宇地《ミヤウチ》　俊岳《トシタケ》　追手門学院大学経営学部准教授　博士（経済学）

（執筆順）

追手門学院大学ベンチャービジネス研究所

2006年開設。わが国や海外におけるベンチャービジネスの理論や実態、並びに、イノベーションを志す中堅中小企業の事業承継の調査研究を行い、Newsletterや『追手門学院大学　ベンチャービジネス・レビュー』の発行、経営セミナーの開催など地域社会に貢献する諸活動を行っている。

編著書　「事業承継入門1・2」編 2014年2月
「事業承継入門3」編 2015年2月
「事業承継入門4」編 2016年3月
「ベンチャービジネス研究1」編 2016年3月
「人としくみの農業」編 2016年3月
「ベンチャービジネス研究2」編 2017年3月
「ベンチャービジネス研究3」編 2018年3月
「ベンチャービジネス研究4」編 2019年3月
「これからの中小企業経営に必要な施策と活用」編 2020年3月

北大阪の元気な中小・中堅企業2021

2021年4月25日　初版発行

編　者　追手門学院大学
ベンチャービジネス研究所

発行所　追手門学院大学出版会
〒567-8502
大阪府茨木市西安威 2-1-15
電話（072）641-7749
http://www.otemon.ac.jp/

発売所　丸善出版株式会社
〒101-0051
東京都千代田区神田神保町 2-17
電話（03）3512-3256
https://www.maruzen-publishing.co.jp

編集・制作協力　丸善雄松堂株式会社

組版／株式会社明昌堂
印刷・製本／大日本印刷株式会社
ISBN978-4-907574-26-0 C0034